匠人精神

精益创业，制胜未来

郭海峰 著

中国财富出版社

图书在版编目（CIP）数据

匠人精神：精益创业，制胜未来 / 郭海峰著 . —北京：中国财富出版社，2019. 3

ISBN 978 - 7 - 5047 - 6848 - 3

Ⅰ. ①匠… Ⅱ. ①郭… Ⅲ. ①创业 Ⅳ. ①F241. 4

中国版本图书馆 CIP 数据核字（2019）第 043848 号

策划编辑 谢晓绚　　**责任编辑** 张冬梅　吴婉素

责任印制 梁　凡　郭紫楠　　**责任校对** 孙会香　卓闪闪　　**责任发行** 董　倩

出版发行 中国财富出版社

社　　址 北京市丰台区南四环西路 188 号 5 区 20 楼　　**邮政编码** 100070

电　　话 010 - 52227588 转 2048/2028（发行部）　010 - 52227588 转 321（总编室）

010 - 52227588 转 100（读者服务部）　010 - 52227588 转 305（质检部）

网　　址 http://www. cfpress. com. cn

经　　销 新华书店

印　　刷 北京京都六环印刷厂

书　　号 ISBN 978 - 7 - 5047 - 6848 - 3/F · 3007

开　　本 710mm × 1000mm　1/16　　**版　　次** 2019 年 5 月第 1 版

印　　张 11　　**印　　次** 2019 年 5 月第 1 次印刷

字　　数 169 千字　　**定　　价** 48. 00 元

前　言

在“大众创业，万众创新”的时代，任何一个人，只要你有创意，有激情，就可以组一个团队、找一笔资金，去创业。但是，这种创业的成功率又有多少呢？

在这些人里，一部分是头脑一热就开始盲目创业，却在半路发现“不适合”而放弃的创业者；另一部分是站在创业路口不断观望、抱怨缺少创业机遇的创业者；还有一部分是在创业路上纠结着要坚持还是放弃的创业者。如此一来，到最后就只剩下不到1%的创业者，在享受着成功的喜悦。

创业从来不是一件容易的事，只有那些始终如一追逐梦想，并力争把每一件事都做到最好的创业者，才能在激烈的竞争中打败对手，踏上巅峰。而这些创业者，无疑都是具有“匠人精神”的人。

“匠人精神”是每一位创业者都应该追寻和学习的精神。在人人可以创业的今天，仅仅靠一个别出心裁的创意甚至对市场需求的预测，都不足以使创业者成功。创业者只有具备精益求精的匠人精神，以及在追求极致的过程中，始终以开放的姿态吸纳来自各方的意见，不断提升和完善自我，才能创造出最完美的成果。

“精益制造”已成为当前大势，甚至可以说是新的“风口”。雷军说，站在风口，猪都可以飞。但作为创业者来说，你还要确保借助“风口”飞起来之后，自己还有足够的能力继续飞下去。即使是雷军在“飞”起来之后，他也一刻不敢放松，仍专注于对小米手机的研发、迭代。所以，在“精益制造”的“风口”，需要的是“精益创业”的匠人精神。

对于创业者来说，最好的定位就是“匠人”。当你把自己当成一个专注、追求极致、坚定不移的“匠人”时，你就会用“匠人”的心态、精神和技艺去追求梦想，进而打造更好的产品和服务。而这些，恰恰就是成功的创业者普遍具有的特质。

当下，绝大多数创业者都处在迷茫、盲目的状态，本书正是以对“匠人精神”的全新解读来指引创业者走出一条独属于自己的成功之路。本书共分为五章：

第一章，创业企业家 = 匠人。介绍了“匠人精神”对精益创业的重要性，以及什么是“匠人”，什么是“匠人精神”等内容，最后指出，创业者只有先成为一个匠人，才能真正顺应“精益制造”的趋势，实现精益创业。

第二章，走心：唤醒内在“匠人”。重点介绍了创业者践行“匠人精神”的核心在于做事一定要“走心”。比如，创业要有初心，要专注，要追求极致，要始终如一，要注意细节，要慎终如始等。

第三章，产品：螺丝钉也要做到极致。重点介绍了创业者把“匠人精神”渗入到打造产品的每一个环节。无论是质量、细节、客户需求、创新、迭代等，都需要用一颗“匠人之心”去追求极致的完美，而不是敷衍了事。对于一个“匠人”来说，产品就是他的价值的体现，好产品不仅代表他的好技艺，还彰显着他的价值观。而对于一个创业者来说，也同样如此。

第四章，团队：人品比技术更重要。团队对创业的重要性不言而喻，即使是一个技艺精湛的匠人，他也无法独自完成所有的工艺，做出完美的产品。所以，对于创业者来说，“找对人”“用对人”非常重要。

第五章，信念：不忘初心，和未来“死磕”。很多人认为，创业者迈出创业的第一步是最难的。事实上，对于真正经历过创业的人来说，迈出第一步之后的坚持，才是最难的。即使是已经取得一定成就的创业者，也会在创业路上无数次产生想要“放弃”的念头，而最终能够成功的，就是那个“决不放弃”的人。

本书旨在为那些即将创业和已经开始创业的创业者们带来完全不同的创业指导。不一定每一个伟大的匠人都会成为企业家，但每一个优秀的企业家必定都是一位匠人。同样，不一定每一个匠人都要去创业，但每一个创业者都应该具备“匠人精神”。

作者

2019 年 3 月

目录

CONTENTS

第一章 创业企业家＝匠人

第二章 走心：唤醒内在“匠人”

第三章
产品：螺丝钉也要做到极致

第四章
团队：人品比技术更重要

第五章
信念：不忘初心，和未来“死磕”

第一章
创业企业家 = 匠人

当我们谈起创业企业家时，通常会不禁对其生出一种崇敬之情。在我们心中，他们是企业的主导者、财富的缔造者和社会经济的推动者。而谈起“匠人”——工匠、木匠、画匠、鞋匠……这些称谓似乎都带有一丝轻视之意，我们往往也不会对其生出敬佩之心。但实际上，创业企业家和匠人并不是身处天上与地上、地位悬殊的两类群体：一位优秀的创业企业家，往往也是一位优秀的匠人。

一、精益创业呼唤“匠人精神”

当创业迎来前所未有的成熟环境，大众创业成为一种潮流之时，浮躁的创业心态却也比比皆是。越来越多的人投入创业大潮，各种各样的创业项目层出不穷，但随之而来的是失败的创业企业数量的直线攀升。显然，优良的外部环境并没有提高创业成功率。许多创业者在创业之初意气风发、踌躇满志，而其创业企业却在短短一两年后就遭遇“鬼门关”。究其原因，主要还是创业者主观上“匠人精神”的缺失。

1. “匠人精神”是人类文化瑰宝

什么是“匠人精神”？简单来说，“匠人精神”就是一种追求极致、想不断把事情做好的欲望和信念。一个具备“匠人精神”的人，会精益求精地履行自己的职责，绝不放松标准；一个具备“匠人精神”的企业家，会细致入微地关注产品和管理的细节，甚至会变成一个“偏执狂”。

“匠人精神”在不同的国家有着不同的表现，而在不同的文化氛围下，人们对于“匠人精神”的理解也不尽相同。但是，在任何一个国家、任何一个民族中，“匠人精神”都是存在的。

在日本，如果你被称作匠人，那就意味着你的作品和能力得到了极高的认可，而你本人会受到极大的尊重。通常，只有专注于一个行业或领域，并做得出类拔萃甚至达到顶尖层次的人，才有资格被称作匠人。

在德国，匠人享有极高的社会地位。德国人普遍认为，一个专注于技能提升与实践的普通工人和顶级科学家没有区别，他们都是在自己的领域内追求极致的人。德国管理大师赫尔曼·西蒙认为，在欧债危机中，使德国发挥解救欧盟各国能力的，不是那些享誉全球的大型跨国企业，而是那些遍布于乡野间的、不断专注于自身所在领域的中小企业。这些中小企业不仅拥有优秀的工艺传承，而且每一位员工都具备令人钦佩的“匠人精神”。

在中国，被尊为“工匠鼻祖”的鲁班，就是一位伟大的匠人。而作为浓缩了中华民族伟大智慧的四大发明，无一不是在“匠人精神”的指引下，各路匠人共同努力的结晶。

在许多领域中，现代化的生产方式使得机械取代了人力，这似乎是造成具备专业技能的匠人不断流失的原因。但实际上，匠人的流失，更主要的还是源于“匠人精神”的流失。在当下这个追求全面化和效率化的时代，专注、求精的“匠人精神”更加难能可贵，可以说它是斩断桎梏的一把“利刃”。

2. “匠人精神”是成功创业的坚实后盾

据一家研究机构的调查显示，截至2013年，在全球范围内，寿命超过200年的企业当中，法国有196家，荷兰有222家，德国有837家，而日本则有3146家。为什么这些国家拥有如此之多的长寿企业？其关键就在于“匠人精神”的不断传承。而日本之所以在其中占比较大，主要是因为“匠人精神”铭刻在了日本众多企业家的骨髓之中。

> 被全世界企业家推崇备至的日本“经营之圣”稻盛和夫在谈到京瓷集团的高质量生产时说，要手拿放大镜仔细观察产品，要用耳朵倾听产品的哭泣声。当找到了不合格的产品，就像是找到了正在哭泣的孩子，这时他就会想，“这孩子什么地方疼痛才会哭泣呢？它哪里受伤了呢？”只要将一个个产品当作自己的孩子，满怀感情地细心观察，必然就会获得如何解决问题、如何提高制成率的启示。

稻盛和夫正是在这种“匠人精神”的指导下，始终对产品生产提出最高级别的要求，才使得京瓷产品以高精度、高合格率而享誉全国直至享誉全世界，京瓷也一步步地由一个前途不明朗的创业企业发展成为世界 500 强企业。而也正是因为拥有着众多具备“匠人精神”、传承“匠人精神”的企业家，面积不大的日本才涌现出了如此之多的长寿企业。

创业，归根结底是一个满足市场需求的过程。只有产品或项目能够满足客户及市场的某种需求，创业公司才有成功的可能和基础。要想在当下最好地解决市场需求，就必须拿出最好的产品，而只有在“匠人精神”的指导下才可能诞生最好的产品。

对于每一位企业家，特别是创业企业家来说，都必须潜心修炼“匠人精神”。“匠人精神”同企业家精神中所提倡的诚信、担当、创新、坚持等品质，是同根同源、相辅相成的。“匠人精神”不仅能够指引创业企业推出极具市场竞争力的优质产品和服务，同样也是企业发展传承的重要文化基础。

3. 精益创业之路，“匠人精神”不可或缺

精益创业，是互联网时代一种很火的创业理念。精益创业不提倡盲目的大规模生产和企业规模扩张，而是提出创业企业应当精准地寻找和验证市场的真实需求，以最快速度和最小成本推出原型产品，并根据用户反馈不断改进、精益求精。反观现在的许多创业企业，总是希望用“烧钱”的方式去占领市场，而不是用优秀的产品去征服市场，其实，这种只顾“烧钱”而不顾产品品质的创业思路往往会造成企业的快速消亡。

用精益思维去创业，必须具备“匠人精神”，否则精益创业根本无从谈起。那么，“匠人精神”在精益创业之路上究竟发挥着哪些作用呢？

(1) 固执而不狂妄。

匠人是固执的，即便得不到其他人的理解，他们也不会妥协，更不会放弃自己的追求。不过，这种固执并非是以自我为中心的狂妄，而是一种

精益求精的信念，他们不会违背客户和市场的意愿，而是始终以更好地满足其需求为己任。所以，匠人并非许多人想象的那样，是超脱尘世的“隐士”，他们是现实需求的满足者。而这种对需求的精准捕捉和对如何更好地满足需求的执着，正是精益创业的起点。

（2）在细分领域的坚持。

在日本神户，有一位名叫冈野信雄的匠人，他只专注做一件事——修复旧书。这个在很多人看来平淡而枯燥的工作，冈野信雄一做就是30多年。对他而言，修复旧书并不是为了养家糊口，而是在努力经营一份事业。在这30余年里，他不断磨炼并提升自己的技艺，最终达到了炉火纯青的境界：任何一本即便污损严重、破烂不堪的旧书，只要经过他的“妙手回春”，便能焕然一新。

任何一个看似微不足道的细分领域，都具有足以使匠人用一生去钻研的价值，在不断的坚持下，周而复始的行为最终会带来质变，使其技艺水平达到他人难以企及的高度。对于精益创业企业来说，这种不断坚持下的质变，终究会成为不可替代的核心竞争力。

（3）追逐技艺而非利益。

在瑞士，有许多这样的钟表匠：他们终其一生都守着自己那间面积不大的小店，以最认真、极致的态度制作一块又一块美妙绝伦而又精准的钟表。他们不做产品的营销，不追求经营规模的扩张，但他们制表所赚取的利润却多得惊人。

企业需要盈利，此乃天经地义。然而，如果只是为了盈利而经营，一味追逐利润而忽视了最为核心的内容，最后利润很可能也会离企业远去。相反，如果能始终以提供高质量的产品和服务为企业的核心，那利润可能就会自然而然地“找上门”。

精益创业确实为互联网时代的创业者们提供了先进的创业思路和行之有效的创业模式，但如果创业者欠缺“匠人精神”，那精益创业的理念就难以落实。“匠人精神”不是旧时代生产模式的“遗留物”，而是从当前直至未来，创业者都离不开的精神。

· 创业修炼 ·

从现在开始，匠人和“匠人精神”被重新认知，他们并非被时代所淘汰，只是被众人所逐渐淡忘。“匠人精神”是值得尊敬的，是值得每一个人去努力追寻的精神特质。

“匠人精神”不会使你的创业之路畅通无阻，却能够帮助你不断跨越创业之路上的各种艰难险阻。“匠人精神”能为初创企业带来愿景、使命、信念等宝贵的精神财富，而这是再多的利润都无法换取的。

二、“匠人精神”的真正内涵

什么是“匠人精神”？通俗来说，就是一种对待自己的工作精益求精、执着专一、坚定踏实的精神理念。“匠人精神”的内涵包含着敬畏、责任、专注、坚守和情怀，其在实际工作中的具体表现，可以归纳为以下两点：

1. 对事业的敬畏之心

匠人精神首先体现在匠人制造产品（作品）或提供服务过程中所怀的敬畏之心。所谓敬畏，指的是严肃、恭敬、谨慎的情感态度，是对自己作品的一种宗教般的虔诚。

真正的匠人，从不敢轻易动手制作一件产品，而是要经过反复考量、思索、钻研，然后在一点点地尝试和反复摸索中不断使产品趋于完美。正是这种“不敢”的心态，才造就了一件件精美绝伦的作品。

因为不敢轻易动手，所以才反复权衡、思量；因为不敢轻易出错，所以才小心谨慎。在创建事业的过程中，如果创业者在拥有“不怕犯错”的胆识之外，再多一点匠人精神，反复权衡、反复思量、谨慎行事，而不是贸然开始、冲动前行，失败的概率必会小很多。

创业并不是一蹴而就的事，更不能理想化地认为今天投资明天就能赚钱。创业需要创业者投入大量的时间、精力，最重要的是态度，而这个态度就是对自己即将投入的事业怀有一份敬畏之心。

（1）对梦想的敬畏之心。

创业，要为了梦想，而不是为了名利。有些创业者看到别人做某个行业很赚钱，就跟着做某个行业，事实上自己对这个行业完全不懂，更别谈兴趣、梦想了。这就像一个木工师傅所说的：“我做了这么多漂亮的柜子都卖不掉，但是我看邻居作为画匠画画挺好的，每天顾客很多，我也要转行当画匠。”显而易见，这种盲目行动往往以失败而告终。对梦想怀有敬畏之心的创业者，会严肃、认真地仔细考量：我离梦想的距离还有多远？我需要做些什么才能实现梦想？

（2）对作品的敬畏之心。

每一个匠人心中都有一把刻度清晰的尺子，这把尺子可以帮他丈量自己的技术和能力，让他知道他能做出什么样的作品，或者说，在现阶段他能做出什么样的作品。在这把尺子的丈量之下，他绝不会轻易接下自己无法胜任的工作，除非他确信自己“只要‘跳一跳’就可以够得着”。否则，哪怕给予他再多的金钱、名声，都不足以让他应下自己做不了的工作，因为他们更看重自己的自尊和诚信。

2016年，贺友直老先生走了，享年94岁。

贺友直老先生被称为“国宝”，是一位对画连环画十分虔诚的匠人。他对自己的定位是：我是个画匠，是一辈子画连环画的手艺人。就是这个“画匠”，在面对“来钱的活儿”时，却一口回绝，理由是：李白的诗他没有一首背得出来，让他去画李白这不是开玩笑吗？这钱不是他赚的。这理由的背后，正是他对自己作品的敬畏之心。怀着这份敬畏之心，贺友直老先生在画《山乡巨变》时，拎着行李、带上纸笔就直接下到农村，一待就是几个月。对于当时的经历，贺友直老先生描述过，“上厕所要蹲粪缸，睡觉枕在油腻的枕头上，下地劳动用手舀粪。农民怎么吃喝拉撒，你都得和他们一个样”。他用这样的态度画出的作品——《山乡巨变》，该画作在1963年文化部与中国美术家协会举办的我国首届连环画评奖中，获得金奖，也被誉为中国连环画史上“里程碑”式的杰作。

当下很多的创业者恰恰是缺少像贺友直老先生这样一种对作品（产品）的敬畏之心，而把“有钱不赚是傻瓜”作为口头禅。只有对作品（产品）怀有敬畏之心的创业者，才能在创业过程中将做出好作品（产品）放在首位，而不是单纯为了吸引投资人而绞尽脑汁。事实证明，唯有对作品（产品）怀有敬畏之心，才能在创业之路上有所成就。

做个像匠人那样的创业者，带着敬畏之心去做人做事，谦虚谨慎、严谨踏实，专注于自己的事业而不被外界所干扰，不为名利所动心，只有这样，才能为自己赢得事业、为社会做出贡献。然而敬畏之心并不是让创业者不敢想、不敢说、不敢做，而是要求他们认真想、谨慎说、专注做。只要创业者怀着敬畏之心认真对待每一个项目，做好每一个细节，善待每一名员工和每一位客户，成就事业是自然而然的事。

2. 令人折服的责任感

匠人之所以追求更高的技艺、更完美的作品，热爱自己所做的事胜于这些事所能带来的利益，是因为他们的这种行为不只是造福于个人，更能够造福于世。这种强烈的对他人、对社会的责任感，值得每一个创业者学习。

宋代文坛巨匠欧阳修在晚年时，还经常拿出自己年轻时的文章反复推敲进行修改，可谓是“用心良苦”。他的夫人问他，这么大年纪了，何必还这么辛苦，难道还怕先生责怪吗？欧阳修笑着回答，不怕先生责怪，却怕后生笑。

欧阳修这种对自己的作品精益求精、对阅读自己作品的人负责的态度，正是“匠人精神”的核心内涵。同样，我国著名的画家吴冠中先生晚年时，怀着对世人的责任感将自己的许多“不满意之作”付之一炬。事实上，当时他的画作在市场上非常受欢迎，他却为了“绝不让谬种流传”而烧掉了数百幅浸染着自己心血的画，只保留了一些精品之作。他说：“骗得了今天的人，骗不了明天的人。”

就像欧阳修、吴冠中一样，匠人精神的目标是打造最优质的完美作品。为了实现这个目标，每一个匠人都会在制作产品的各个环节注入全部的心血，升华产品的品质，精益求精。这种令人折服的责任感体现在具体的做事态度上，包含以下几点。

（1）注重细节，追求完美和极致。

许多匠人都和欧阳修、吴冠中有着一样的想法：让不完美的作品流通到市面上是自己的耻辱。所以，他们对出自自己之手的每一件作品的要求都近乎苛刻，不允许任何一个细节有不完美的存在。为了实现这一目标，他们不惜耗费大量的时间和精力。对于他们来说，这种至善至美的追求，与金钱利益无关，与责任有关。他们坚信，自己有责任让看到、用到自己作品（产品）的人拥有完美的体验。

（2）严谨，一丝不苟。

在每一个拥有强烈责任感的匠人心中，都有一个严格的质量标准。这个标准不仅指导着他们工作中的每一个步骤，更严格控制着他们对产品的最终检测。他们从不投机取巧，也绝不允许不符合标准的产品流通到顾客手中。在他们的标准中，没有“差不多”，只有“完美”和“不完美”。

哲学家费希特在《对德意志民族的演讲》一书中曾经这样描述德国人“一丝不苟”的精神：我们必须严厉认真地看待一切事物，切不可容忍半点草率和不以为然的立场。在这种精神之下，德国人无论做什么事都一丝不苟，即使无人监督、检查，他们也会因自己有瑕疵的作品而感到不安，这正是匠人独有的气质。

（3）专注，坚持，敬业。

真正的匠人只会一心一意地做好一件事，而且绝不会为了利益或者其他原因而放弃自己的事业。这里面包含着只做一件事的专注和把一件事做好的坚持。

李开复曾经在AAMA亚杰商会2012年度盛会的演讲中表示，真正能够成功的创业者，必须耐得住寂寞和诱惑。比如，有些企业者放弃了多次被收购的机会，执着地把自己的事业做大，如果贪图短暂的利润可能公司早就卖了，也不能做成举足轻重，甚至可能改变中国、改变世界的大公司。而这些人对待自己的事业往往都是非常专注的。像Facebook（脸书），先做了一个游戏，然后慢慢地滚动一个个功能，慢慢增加一个个院校，慢慢进入一个个国家，然后再成为广告平台，这些都是一个一个做出来的。先做一个小东西，专注一些非常明确的用户的需求，然后彻底解决这些需求。在解决的过程中理解用户，当你觉得做得够好的时候再推广扩大，扩大以后再来挖掘新的数据、开发新的功能，企业就是这么滚动的。

创业者只有像匠人一样，静下心来专注于做好一件事、做精一件事，才能做出精品，才不怕没有市场、没有未来。当然，并不是说你一辈子只做一件事就是拥有匠人精神，而是在做这件事的过程中不断地摸索、创新、升级，把这件事做到极致。

所以，匠人精神不是一种能力，更不是一种技巧，而是一种态度。这里面包含着虔诚和敬畏，对完美和极致的追求，对梦想的专注和坚持，以及对他人和对社会的责任。

·创业修炼·

作为创业者，问一问自己：我是否对即将开始的事业有着宗教般的虔诚和敬畏？我是否能够始终保持心中的热爱？我是否能够以绝对负责的态度面对未来？

“匠人精神”内涵的核心是：不仅仅把工作当成赚钱的工具，而是树立一种对梦想执着的信念，对所做的事和制作的作品精益求精、精雕细琢的意识；对用户、消费者甚至社会有所担当、负责的态度。

三、“匠人精神”是企业家的骨血

不是每一位出色的匠人都能够成为企业家，但每一位优秀的企业家身上都具有“匠人精神”。这种专注、严谨、踏实，对产品追求极致、完美的工作态度，才是帮助他们登顶事业高峰的根本所在。而其他的一切，诸如资金、团队、机遇等，都必须在匠人精神的助力之下，才会发挥出巨大的能量。所以，虽然很多优秀的企业家把自己的成功经验总结成理论分享给世人，也有很多专业人士对优秀企业家的成功基因进行研究，但是很难有一个人能够循着他们的足迹取得同样的成功。

1. 乔布斯：每一件事都要做到精彩绝伦

乔布斯表示，这辈子没法做太多事情，所以每一件事都要做到精彩绝伦。生活就是一件让人倾尽全力、充满智慧的作品，需要全力以赴。

在一次访谈中，乔布斯曾用“专注、自我陶醉和完美主义”来标榜自己。这简单的三个词正是对匠人精神的准确解读，也正是这种近乎偏执的态度才帮助乔布斯取得了商业上的成功。

（1）聚焦在最擅长的事情上。

乔布斯在面对濒临倒闭的苹果公司时曾表示：公司根本没有焦点，每一个小组都在做一些同样的事情。如果苹果公司要生存下去的话，就一定要砍掉更多的项目，要有焦点，做自己最擅长的事情。

为此，乔布斯果断砍掉了当时公司的数百个项目，实施了聚焦战略——聚焦于苹果公司最擅长的专业领域。很快，乔布斯通过对市场的反复研究、权衡，确定了“数字中枢”战略，相继推出了 iPod、iTunes 和 iPhone 等产品，快速占领了数字娱乐市场，苹果公司也由此走向了巅峰。

乔布斯曾表示：总有一些市场我们不会选择加入，虽然有大量的客户仍待我们开发，但我们并不追求占领所有的市场。所以，在乔布斯的带领下，苹果公司一直专注于数字娱乐产品的设计和开发，甚至在某一段时期内只做一款产品的一个型号的一种颜色。

乔布斯指出：人们以为“专注”的意思就是对你必须关注的事情点头称“是”，但这并不是“专注”的全部内涵。“专注”意味着必须对另外的100个好点子说“不”，且你必须谨小慎微地做出选择。这种耐得住寂寞、扛得住诱惑的专注，正是匠人的精神所在，也正是苹果公司能够将每一款产品都做到极致的根本原因。

（2）关注细节，追求极致完美。

在乔布斯“完美主义”的要求下，苹果公司在产品的设计和开发过程中，对细节的要求近乎严苛，不允许出现任何差错。

乔布斯第一次看到iPhone的封装设计时，对团队所有成员说：“我就是不喜欢这个东西。我无法说服我自己爱上这个玩意儿。而这是我们做过的最重要的产品。”尽管这个时候离iPhone的上市时间已经很近了，但他依然要求返工，并要求在最短时间内拿出不同的封装设计方案。乔布斯认为，产品的一切细节所反映的都是企业的精神与性格。所以，即使是消费者看不到的内部，他也要求做到完美。

曾与苹果公司合作多年的Chiat/Day广告公司的创意总监肯·舍加尔表示，乔布斯会关注一些你简直没法相信一个CEO会关注的事情。在新产品发布之前，甚至在对广告组介绍产品之前，乔布斯会说“第四段第三个字用得不好，最好还是换一个”这种极关注细节的话。这绝对不是一般的企业家会做的事情！甚至我们身边的很多创业者一当上老板就不断地和下属说“这件事我不过问，我相信你可以做好”，结果却是“差之毫厘，谬以千里”。

如果说匠人是靠手艺吃饭的话，可能乔布斯不能算是一个真正的匠人，因为他并不是一个专业的技术人才。但是，乔布斯身上的匠人精神却使他成为一个“技术标杆”。为了达到乔布斯完美、极致的苛刻要求，苹果公司的技术人员会竭尽所能地做好每一个细节，而最终这种压力常常使他们实现技术的超越，做出超水准的产品。而这也正是苹果产品被全球消费者狂热追捧的根本所在。

这种追求极致完美的态度，乔布斯不仅用在了产品上，还用在了演说上。很多人都认为乔布斯是一个天生的演说家，在演说中，他不仅能够准确把握节奏和尺度，还能够恰如其分地营造出轻松幽默的氛围，吸引每一个听众的注意力。事实上，这样完美的一场演讲并不是乔布斯的即兴发挥，而是需要几个星期的准备、演练，以及上百人的协同工作。无论是准备还是演练，乔布斯都要求每一个细节必须至善至美，甚至包括每一个图片和手势都要设计一个最佳的契合点。在确保每一个细节都十分完美之后，乔布斯才会走上演讲台，呈献给大家一场精彩绝伦的演讲。在一开始，很多人都是在听完他的演说之后对苹果产品产生了兴趣的。

这就是乔布斯，一个将匠人精神融入骨血的优秀企业家。在他的理念中，必须确保一切完美才能将产品推向市场。

2. 马云：有梦想，还要专注

《庄子·山木》中讲了这样一个故事：

> 庄子穿着带补丁的粗布衣服去见魏王。魏王见到他后说："先生，你怎么这样潦倒不堪？"庄子说："我穷，可并不潦倒。大丈夫不能坚持自己的精神信念，那样才是真正的潦倒。"

庄子是一个极看重心中信念的人，而崇尚老庄哲学的马云同样如此。

在阿里巴巴的企业文化中，理想和信念始终放在首位。马云自己就是狂热的理想主义者，从开始踏入电商领域到现在，他和阿里人都坚信电商的未来是美好且光明的。就像每一个匠人都坚信，自己即将做出的作品一定是世界上最完美的作品。这是理想，也是追求。

(1) 对梦想永远保持激情。

激情是每一个创业者都必不可少的。一般情况下，创业者不乏激情，他们有对美好未来的坚信，有对战胜困难的信心。然而，并不是所有的创业者都能保持最初的激情。

1999 年，马云在杭州湖畔花园放下豪言壮语：从现在起，我们要做一件伟大的事情。我们将为互联网服务模式带来一次革命！让我们在黑暗中一起摸索，一起呐喊！我喊叫着往前冲的时候，你们都不要慌。你们拿着大刀，一直往前冲，十几个人一起往前冲，有什么好慌的！

2013 年，在淘宝创立十周年的庆典上，马云头戴礼帽，戴着大黑框眼镜，穿着一身潮服，在台上激情演唱《我爱你，中国》和《朋友》，一时间将庆典气氛推向高潮。这一年，一身炫酷风的马云 48 岁。在创业道路上坚持走了 14 年，但他依然对最初的梦想保持着激情。

作为领导者，为了让自己的团队能够走过一切风雨、迎接阳光，马云一直都在努力把自己的激情分享给每一个员工。他表示，短暂的激情是不值钱的，只有持久的激情才是最赚钱的。年轻人都有激情，年轻人的激情来得快去得更快，持续不断的激情才最有价值。他希望员工的激情能保持三年，保持一辈子，激情是不能受伤害的。

激情带来的是原动力。在马云的激情的带领下，阿里人的激情十年如一日地持续着，面对困难，面对成绩，阿里人从来没有过丝毫怠倦，永远激情下去的理念，也正是其不断发展的原因。

（2）做企业一定要专注，要坚持。

马云曾表示，做企业一定要专注，要坚持，要有激情，要相信自己可以为客户创造独特的价值，相信自己可以做不一样的事情。

从 1999 年的创业到现在，阿里巴巴的战略方向一直都是电子商务。其实，摆在马云面前的诱惑不少，尤其是在阿里巴巴日趋完善走向强大之后，他眼前的道路变得越来越宽，同时选择也变得越来越多。门户、游戏、电子商务、即时通信，互联网行业的每一个方向都可以给马云带来巨大的商机，让马云赚个盆满钵满。可是，马云却一直坚守在自己的阵地上。

2007 年，阿里巴巴持续而稳定发展，成为电子商务行业的领头羊。在这一年，被问及阿里巴巴未来发展方向的时候，马云坚定地表示，阿里巴巴的下一个战略方向是电子商务，永远是电子商务、电子商务、电子商务……

这并不是马云在同大家玩文字游戏，而是他的心声和选择，他在专注地做企业，专注地实现梦想。马云说，地上有九只兔子，他只会死盯一只兔子抓。他认为，如果九只兔子都想抓，就一只也抓不住，死盯一只就赢了。阿里巴巴一开始就锁住了电子商务，锁住了小企业。

阿里巴巴电子商务“一条道走到黑”的坚持让很多人吃惊，也有不少人怀疑这是马云在面对公众时设计的说辞。因为，一家企业在一个领域获得成功之后，后续发展便是转型。对于阿里巴巴来说，由电子商务过渡到门户网站、游戏等互联网领域，是很自然的事情。然而，马云在商业世界的诱惑中，专注地守着最初的梦想。

2014 年 10 月，阿里巴巴在美国纽约上市。在上市的演讲中，马云重申了阿里巴巴的宗旨：帮助商家和客户找到彼此，并按照他们独特的需求方式来开启服务。我们帮助这些小生意人成长，创造出前所未有的工作机会，开拓出崭新的市场。

马云不是一个匠人，但是他却用“匠人精神”缔造了一个商业神话。那些每天都挂在他的嘴边，践行在他的行动中的激情、专注、坚持，终于帮他成就了一个让世人惊叹的作品——阿里巴巴。

·创业修炼·

你或许成不了乔布斯和马云，但你可以像他们一样，把“匠人精神”融入骨血，变成你做人做事的标准。那么，很快你就会发现，在这个标准之下，成功的概率大大提升。

创业成功需要很多条件，诸如资金、人脉、机遇，对于有匠人精神的创业者来说，这些都是锦上添花；而对于没有匠人精神的创业者来说，这些却是救命的稻草，不惜耗费所有去努力抓住，最后却发现，事情做不好，一切都是空的。

四、匠人：工作是一种修行

“匠人”在《现代汉语词典》中的解释为：旧指手艺工人。而“匠”

字的解释则为：指在某方面很有造诣的人。

有些人据此认为，在中国古代，人们对匠人并不十分推崇。事实上，在《庄子》中，有一系列对匠人工作细节的描述和赞赏，如“庖丁解牛”“梓庆为鐻”“津人操舟”“吕梁丈夫蹈水”“佝偻承蜩”等。每一个故事背后，都有一段对古代匠人工作状态、精神的细致描述，以“梓庆为鐻”为例：

> 战国时期，有个叫梓庆的人，他能削刻木头将其做成一种猛兽形的叫作“鐻”的乐器。梓庆做的鐻，看见的人都为之惊叹。就连鲁国国君见了都非常惊叹，问梓庆是用什么办法做成如此精妙的乐器的。
>
> 梓庆回答说：“我只是个技术工人，哪有什么特别高明的技术呢！虽然话是这样说，但我还是有一个小秘诀。那就是，我准备做鐻的时候，从来都不敢随便耗费精神，必定斋戒来静心养性。斋戒三天，心中不再怀有庆贺、赏赐、获取爵位和俸禄的想法；斋戒五天，心中不再存有非议、夸誉、技巧或笨拙的杂念；斋戒七天，就已经能够达到不为外物所动、忘掉自己四肢和形体的状态。这个时候，我的心中也不再考虑是为谁做鐻，只是一心专注于技巧而不受外界干扰。然后，我便进入山林，观察各种木料的质地，看到外形、体态和鐻最相合的，我的脑海中便会呈现出鐻的形象。然后，我就把最合适的木料砍掉，动手加工制作鐻。如果达不到这样的境界，我就停止不做。这就是我用木匠的精神融合木料的自然天性制成的乐器被疑为神鬼功夫的原因。”

这就是中国古代的匠人精神。在梓庆的眼中，做鐻不是一项为了获得名利或者为了朝廷而做的工作，而是一种“把事情做到最好”的修行。在修行的过程中，他首先要战胜心中对于名利的欲望，然后清除心中担忧、胆怯的杂念，接着还要达到忘我的状态，最后甚至要忘记自己是在工作，只是一心想把鐻做好。如果达不到这种境界，恐怕梓庆即使有精妙的技巧，也难以施展。一个一心想着做这件乐器能卖多少钱，或者一定要做出一件让世人瞩目的乐器的人，只能以失败告终。而一个一心只想着如何把产品做到最完美的人，很容易就做出让世人惊叹、追捧的产品。

无独有偶，“匠人”在日文中被称作“职人”。唯有对自己的手艺、工作拥有一种近乎苛刻的敬业、认真，为了追求完美而不厌其烦、不惜代价的手工艺人才能被称为“职人”。他们为了使手艺达到熟练精巧，不仅会反复练习、尝试，更会像梓庆一样，在工作中追求一种忘名利、忘自我、忘压力，一心专注于把工作做好的境界。所以说，对于匠人来说，工作是一种修行。

1. 工作是一种修行

日本“经营四圣”之一的稻盛和夫，曾白手起家创办了两家世界500强企业——日本京瓷公司和日本KDDI公司。他在其著作《活法》中写下了这样一段话：

> 有什么具体的方法可以培养人格和锻炼灵魂呢？是不是非要做一些特别的修行，如到深山里闭关、以肉身抵挡倾泻而下的瀑布之类的事？没那回事。最重要的，就是在我们所处的尘世中每天努力认真去做事。
>
> 所谓精进，是指努力工作、心无旁骛地投入眼前的工作。我认为这就是帮助我提升心性与培养人格最重要的、最有效的方法。

正是这种视工作为修行的匠人精神，帮助稻盛和夫取得了今天的成就。他在他的著作《人为什么活着》中讲述了一件他在创业过程中发生的小事：

> 京瓷公司在创建后不久，接到了一份制作真空管的“水冷复式水管”的订单。暂不论这个订单是如何发到京瓷公司的，问题在于当时的京瓷公司只做一些小型的陶瓷产品。像水冷复式水管这种大尺寸（直径：25厘米、长：50厘米）且结构复杂的产品，京瓷公司在当时

不仅缺乏设备，甚至还没掌握相关的技术。但是，稻盛和夫还是把这个订单接了下来。

为了做好水冷复式水管，稻盛和夫和京瓷公司的员工付出了难以想象的辛苦。他们边摸索边学习提升，不放过任何一个可能存在问题的细节。比如，因为水冷复式水管的尺寸太大，很难保证产品整体黏土的均匀干燥，容易发生裂痕。稻盛和夫先是尝试缩短干燥时间，但效果并不理想。但他并没有因此放弃，而是继续用各种方法反复试验。

最后，他尝试在产品尚未完全干燥、还处在柔软状态的时候卷上布条，然后通过向布条吹雾气的方式让产品慢慢干燥。这种方法虽然能让产品干燥较为均匀，但干燥时间也会因此延长，产品很容易发生变形。为了防止变形，稻盛和夫又绞尽脑汁做了很多尝试，但效果都不太好。最后，他只能抱着水管躺在温度适当的炉窑附近，然后慢慢转动着水管来进行干燥，同时又要注意防止产品变形。这个过程中，稻盛和夫必须屏气凝神，稍一疏忽就可能前功尽弃。正是凭着这种专注、认真、细致的工作态度，稻盛和夫完成了水冷复式水管的制造任务。

现在很多年轻人在创业过程中，都喜欢抱怨大环境不好、时机不对、资金匮乏、技术不成熟等，却唯独忘记反思自己是否具有古代匠人对待工作的那种精神，是否能够像稻盛和夫那样，在工作中投入绝对的专注和认真，不达目的誓不罢休。

很多人认为，匠人就是机械地重复完成同一工作的人。其实，匠人代表着一种气质，一种精神——坚定、踏实和精益求精。匠人不一定最终都能成为企业家，但大多数优秀的企业家身上都有着这种匠人气质。

工作是一种修行。专注于工作本身的匠人，不仅能够做出精妙绝伦的作品，更能够在工作中修身养性、培养人格。因为唯有不带一丝杂念且只想着如何把工作做到完美的人，才能够从工作中获得他想要的一切。在这个过程中，他必须像梓庆那样战胜名利欲望、战胜恐惧胆怯、战胜自我的逆反心理，甚至战胜外界的无谓干扰，一心只扑在工作上。这个过程就是自我修行、精进的过程。

2. 在创业中修行

一般人都把创业看成获得名利、金钱的一种手段，认为创业的过程最好轻松、简单，而收益则越多越好。持有这种态度去创业的人，往往不能把全部精力都投入到工作中，甚至在尚未取得丝毫成就的时候就以老板自居，把工作推给下属去做，自己则一副指点江山的姿态。殊不知，没有具体工作的历练和修行，没有全心全意去完成一件事，一个人很难真正取得什么成就。

在创业失败的二十大原因中，缺乏工作热情名列其中。据统计，9%的创业公司因缺乏热情而失败。不能以全部的精神投入到每天的工作中，对于普通员工来说，是一件对自身未来发展极为不利的事，更何况创业者？很多人会以“授权”为借口来推脱自己没能全身心投入工作的责任。事实上，对于创业者来说，全神贯注地专注于工作，并不是完成了某些事情那么简单，而是得到了灵魂、心性上的修行与提升。对工作充满热情、付出不懈努力、不断追求完美的创业者，会在面临困难的时候以锲而不舍的精神去反复钻研，并在这个过程中培养坚定的信念、积极的态度、顽强的精神。这些，都是使创业者跨越创业路上各种障碍、一路前行的必备条件。

匠人以一种异乎寻常的认真对待自己手中的每一件作品，正是对这种在许多人看来傻得可以的工作态度心无旁骛的长期坚持，才造就了一个个能工巧匠，才有了那些无与伦比的精品。如果创业者能够带着这种精神去创业，以一种修行的态度去工作，恐怕没有什么事是做不成的。

·创业修炼·

工作是一种修行，是一种能够磨砺精神、修养人格的修行。唯有以绝对专注的精神投入到工作中的人，才能够感悟到这种修行，才能有所提升。

任何创业之路都充满了艰难险阻。在面对困难和磨难的时候，保持热情，抱定必胜的信念，全神贯注地投入到战斗中，坚持下去，必能迎来“柳暗花明”。

五、“匠人”不可替代的优势

许多人都在质疑：在移动互联网时代，在工业 4.0 时代，专注于手艺的匠人还有什么值得我们去追捧、去学习的？对于只要有一个点子、拉一个团队随便做出点儿成绩，就能找到投资人投资，就有可能创业成功的今天，“匠人”是否仍具有不可替代的优势？答案是肯定的。

1. 独一无二的技艺优势

在强调“精益制造”的工业 4.0 时代，“匠人”独一无二的精湛手艺，是机器生产无法取代的优势。

在大规模工业化生产时代，从流水线上生产出来的千篇一律、价格低廉、数量庞大的产品走入了我们的生活。然而，随着时代的发展，人们对于生活品质的要求会越来越高，复制品已经不能满足人们的消费需求。人们需要的是真正有内涵、有情怀甚至有温度的作品，而不是千篇一律的产品。这种需求中所隐藏的就是对匠人精湛技艺的追逐。

侯孝贤在其第一部纪录片《盛世里的工匠技艺》里，对匠人做了这样的表述：人类文明进程的本质是手工，虽然有水力、风力、轮轴与杠杆，但那是为了手工的效率。整个西方工业文明的兴起，到现在不过 500 年，比起悠久的手工文明，我们的记忆还是手工的，因为造型的原理、美感的确立，质感的分别，都是在手工时代逐渐确立和完善的。

如果没有一代代匠人对手工技艺的薪火相传，我们无法想象社会是否会一直向前发展。这种对手艺专注的追求和传承，正是匠人在工业化时代无可替代的优势所在。

在日本的奈良，有一座建于1300多年前的法隆寺，它是日本最古老的木结构寺庙。今天的人们还能够看到这样精美、古老的寺庙，要归功于宫殿木匠师傅西冈先生高超的技艺。

西冈先生作为法隆寺的专职木匠，有着匠人的自尊和自负。他专注于宫殿木匠这份事业，从未接过建造民宅的活。他把所有的心思都用在了对法隆寺修复技艺的钻研和提升上。事实上，这份工作并不能为他带来丰厚的报酬，他甚至为了生活卖掉了自家的农田，但他始终没有放弃自己作为宫殿木匠的自尊。

西冈先生有一个入室弟子叫小川三夫。西冈先生以日本最传统的师徒关系来传授技艺：徒弟要自己边看边学，而不是师傅手把手地教。在技艺的传承上，西冈先生有着近乎苛刻的要求：小川刚做学徒的时候，每天的主要工作就是磨各种工具。西冈先生会交给他一片刨花，小川要把工具磨到能刨出同样的刨花才可以。

看似简单的技艺，在匠人那里却需要长年累月的练习，一点一点地积累经验。一个简单的刨木工作，在刨木机器那里可能就是一个机械简单的动作，而在木匠师傅那里，却是工具、技巧、心思的结合。因此，机器生产出来的是冷冰冰、质量粗糙的产品，而匠人打造的却是有情怀、有温度、有质量的作品。所以，到任何时代，独一无二的技艺都是匠人绝对的优势。

2. 坚守中的创新优势

匠人更注重的是技艺的传承，这似乎和创新没有太大关系，甚至于，这种对古老技艺的传承和创新之间还有些矛盾。作为一个匠人，专注于做好手上的工作，似乎并不需要创新，关键就在于“做好”二字。但世间万事，想要做好，固执守旧，不思创新，必然是不行的。

匠人追求的不仅仅是严谨和认真，更重要的是作品的极致完美。几乎没有任何一个匠人会觉得自己的作品“太棒了”。这份刻入骨子里的谦虚、谨慎，使他们不断地挑战高峰，追求作品上的极致完美。因此，他们在打造作品的过程中，不惜耗费大量的时间、精力对手中的产品进行精雕细琢，以求精益求精。事实上，这个过程就是在坚守中不断创新和突破的过程。

亚克力·福奇在他的《工匠精神——缔造伟大传奇的重要力量》一书中说道：美国的工匠们是一群不拘一格，依靠纯粹的意志和拼搏的劲头，做出了改变世界的发明创新的人。如，本杰明·富兰克林、伊莱·惠特尼、塞勒斯·麦考密克、萨缪尔·摩尔斯、查尔斯·古德伊尔、托马斯·爱迪生和怀特兄弟等。

这些名单背后无一不是在坚守和专注中不断创新而取得成功的故事。以大家都非常熟悉的爱迪生为例，作为世界级的发明家，他的每一项发明背后都是无数次的重复试验、失败、钻研、创新、提升。当他像个匠人那样，在每一项发明中不断对一个个小细节进行创新时，他终于取得了最后的成功。

在互联网时代，几乎每天都会有成千上万个点子冒出来，同时也有成千上万个点子消亡。对于绝大多数的创业者来说，并不缺少创新，只缺少好的，经得起时间历练、考验的创新。他们今天费尽心思想到的一个好点子，可能明天甚至下一分钟、下一秒钟就被新的点子所取代。原因很简单，绝大多数的点子都是脱离实际的“拍脑袋点子”。

我们再回头看一下，在匠人手中诞生的创新——日本冈野雅行设计的直径只有 0.2 毫米的“无痛注射针头”，上市十多年了，依然无人能够超越；日本 Hard Lock 工业研制的充满创意的简单而坚固的“防松螺帽”，尽管出现了很多仿品，但在使用中能够达到“不会松动”标准的只有“Hard Lock”。

当然，凡事都有例外，“拍脑袋点子”也有成功的时候，但那是极少的。相较于为了创新而创新的创业者来说，拥有匠人精神的创业者会对每一个点子都进行实际检验，并进行不断完善直至做到极致。这样做出的产品无论是在质量上还是在外观上都拥有别人无法超越的优势。

此外，绝大多数“拍脑袋点子”出来之后，企业很快就会集中人力和物力进行大批量生产，以求利益最大化。至于质量上的改进，往往只是在消费者的反馈意见中偶尔进行。而“匠人”绝不允许这样的事情发生。他们会对自己所打造的每一款产品进行持续改进，以满足消费者不断变化的需求。在“匠人”的理念中，让消费者满意、舒适，是他们的本分。

亚克力·福奇在他的《工匠精神——缔造伟大传奇的重要力量》一书中还说：任何人只要有好点子并且有时间去努力实现，就可以被称为工匠。这句话强调了“匠人精神”的三个关键词：好点子，有时间和努力实现。

首先你要有好点子，这是匠人的梦想和追求。

其次，你要有时间。这里的“有时间”指的是你愿意花时间在实践好点子上。时间对每个人都是公平的，有的创业者把时间花在了积累人脉、寻找资金上，有的创业者把时间花在了琐碎而繁杂的管理工作上，而“匠人”却把时间花在了对“好点子”的实践和钻研上。

最后，你要努力实现。在对“好点子”的实践过程中，你可能会经历无数次的失败和质疑，但是只有努力到感动自己的人，才能收获胜利的果实。

由此可见，匠人精神并不是因循守旧，而是在现有技艺的基础上不断创新工艺、技术的过程，是一种在坚守中不断创新的过程。而这个过程，恰恰就是那些对匠人精神不以为然、凡事求快的创业者无法比拟的。

·创业修炼·

精益求精是一种不断追求完善的态度。和“完美主义者”由于过于关注结果的完美而变得失望、焦虑、抱怨相比，精益求精的匠人往往更懂得欣赏努力的过程，然后才是关注结果。在实现结果的过程中，即使还有一丝可以提升的空间，匠人也会把它当作改进的方向，并且不断去努力实践它。正是在这些千锤百炼中，匠人才有了旁人无法超越的技艺。

本田汽车创始人本田宗一郎说，工作中最不可缺少的是创新精神，无论什么工作，都可以不断改革、创新。所以，对于他来说，访问本田公司的工厂，一直都是一件十分愉快的事，因为他一去，就可能看到工厂发生变化，哪怕是很微小的变化。

六、像匠人一样去创业

东阿阿胶总裁秦玉峰曾在报纸上发表过一篇题为《我要成为庖丁一样的匠人》的文章。在文中，秦玉峰这样定位自己：我给自己定义为“匠人”，用“匠人”的心态、技艺，用“工匠精神”，去打造好的产品、塑造好的品牌。我在东阿阿胶工作了 42 年，这 42 年来我就是一个炼胶匠人、经营公司的匠人。我也有梦想，也想成为“巨匠”，但无论成为什么，我都愿意首先是一位“匠人”。“匠人”就是我的初心，“工匠精神”就是我行动的指引。

正是源于对自己“匠人”的定位，秦玉峰从临时工到学徒、班长，再到科长、副总经理、总经理，直至成为东阿阿胶股份公司董事、总裁，以及国家非物质文化遗产阿胶制作技艺代表性传承人，这些成就的背后，是像个“匠人”一样去做人、做事的态度，是“匠人精神”的践行。

然而，在“大众创业，万众创新”的今天，又有几个创业者能够像匠人一样去创立自己的事业？

1. 浮躁的创业环境

大多数的创业者心中都怀着一个功成名就的愿望，成功是所有创业者的目标。这种“小人物大展宏图”的故事，改变着 21 世纪中国人的生活习惯以及生活方式，甚至对世界造成了影响，无疑是每一个创业者的强心剂。

创业者大量涌现的原因在于创业环境正在飞速发展，而此时此刻的中国正处于这种状态：各种机会层出不穷，几乎每时每刻成功者的故事都在上演。

当今我国快速发展的环境，如同20世纪的美国一样，无数机遇涌出，似乎只要踏实努力，每个人都能创造属于自己的神话。而正因为社会的这种快速发展，使得每个人都或多或少地加快了自己的脚步，变得浮躁，目标已经超出创业本身，更多地落在了对名利的追求当中。

不可否认的是，人类发展最基本的切入点便是物质回报以及超越大多数普通人成为“人上人”。这种最原始的心态下，一切成功者成功后所获得的回报会被无限放大，绝大多数人都对成功者成功的方式以及成功之路津津乐道。实际上，稍微对创业这件事深入思考一下便知：同样的失败也许可以绊倒无数人，但同样模式的成功仅可能有少数几个人。

成功难以复制，成功也难以取得，这是大多数创业者都明白的道理，但实践时却总是眼高手低。这期间所缺少的便是精益求精的匠人精神。当许多人走在同一条路上的时候，想要打败其他人，无疑要做到在同类型产品或是服务中超越他人。

这种超越需要付出更多的观察力和耐心。观察力是指对于消费者的观察，观察他们对更深层次服务的诉求，做到产品以及服务的细致化，而不是一味地追求能从他们的口袋里掏出多少钱。假如做到比同类型的产品更为细致用心，那么很快就会得到一批优先选择本公司产品的消费者，进而超越同行业的大部分竞争者。

这其中的关键，就是匠人精神。在整体浮躁的创业环境中，只有那些对产品质量精益求精、不断关注产品细节、追求完美的创业者，才能脱颖而出。对于这些创业者来说，潜藏在他们心中的动力不再是对名利的渴求，而是对创业这件事本身的喜爱和执着。

在创业的路上，一夜暴富的神话为数不少，但大浪淘沙之后，最终只有那些像匠人一样去做事，把“匠人精神”深深注入产品和服务之中的创业者，才能够长久生存下去。

2. 先做匠人，后做创业者

一个匠人，在开始制作一件物品之前，都会有一份初心——做成什么样子？比如，画匠会在有灵感的时候才动手作画，木匠会在看到木料的时候想把它做成什么最合适。

一个创业者，在开始创业之前，也会有一份初心，这个初心就是创业的点子或创意。有了初心之后，在创业之路上不断磨炼、提升，把初心做到极致，就有了“匠心”——巧妙的心思。有了匠心，就能做出别人无法超越的产品、成就别人无法复制的事业。

作为“80后”创业者，张某并没有像其他同龄人那样给自己贴上“创客”或“老板”的标签。相反，他认为自己只是走在创业之路上的一个匠人。

张某的创业初心，是为对生活有点要求的年轻人提供独具特色、高品位的实木家具。有了这个初心之后，张某做的第一件事并不是像其他创业者那样去融资，而是去学艺。虽然张某大学学的是艺术设计，对家具设计颇有见解，但是他不懂实木。在创业初心的驱动之下，张某在实木家具厂工作了一年，跟工厂里的老师傅学习识别木材，然后根据木料的材质设计家具，再到工厂打样、修改。在这样严谨、踏实的态度之下，最终他设计的实木家具受到了热烈的欢迎。

张某设计的产品，除了有设计感之外，更在细节上用足了心思。比如，他曾经为设计一款新中式家具，花费了半年的时间。首先，在选料上，他选择了在中国传统文化中备受推崇的海棠木。然后，为了贴合海棠木在中国传统文化中的寓意（好运），他又花费了近两个月的时间，只为了设计该款家具的一个桌边雕花。最终，他在一本传统文化的书中找到了灵感，选择具有“趋利避害”寓意的蝙蝠作为原型。正是这种“匠心独具”，使得这款家具设计出来后，引发了消费者的热捧，成为张某网店里的爆款，网店整体销售额很快突破3000万元，成为同行里的佼佼者。

当创业者首先要成为一个匠人，这样才会更多地关注自己的初心、关注消费者的需求、关注做出好的产品，而不是把更多的精力耗费在如何更快地赚钱或者拿到投资上。

专注于做出好产品的这份“匠心”，正是互联网时代创业所需要的。在过去，因为信息的闭塞，一家产品做得很一般或者完全模仿别人产品的企业，也有可能生存下来，甚至生存得很好。但是在今天，任何一款产品都能通过网络搜索到，同时还有用户的评价来告诉消费者这款产品到底如何。因此，选择哪一个店铺、哪一个品牌的产品，对于用户而言，只差点击一次鼠标。而对于店铺和品牌而言，却要耗费大量的时间、精力来说服用户选择自己的产品。

在这个环节中，要想赢得用户的心，无论是产品本身，还是营销推广，都离不开创业者的“匠心”。唯有把产品、服务甚至营销推广都做到完美极致，才能真正留住客户，并赢得口碑。而对于那些不够完美、不能为用户带来极致体验的产品，只能承受惨遭淘汰的命运，哪怕它的背后是上百万元的投资。

所以，对于创业者来说，是否用匠人的心去研究用户的需求、追求产品的完美体验，将会直接影响到其创业的成败。

·创业修炼·

无论外界环境如何变化，匠人对自己所做的事都会始终如一地坚守。

每一个匠人对待自己所做的事业，都怀抱着一份敬畏。他们相信，任何事物都是有“魂”的，唯有制作者用心去体会、琢磨、交流，才能找到这个“魂”，从而做出完美的作品。

匠人始终保持着谦恭、自省的态度，对自己所做的事情实事求是。正是这种态度，促使他们不断地吸纳意见，提升产品的品质，追求极致的完美。

第二章 走心：唤醒内在“匠人”

这里的“走心”，是指做任何事要在心里过一遍，付出实际的情感用心去做事，而不是应付了事。在这个“大众创业，万众创新”的时代，创业者越来越多，成功者却是少数。这其中的缘由也许并取决于创业者有没有好的机遇，更取决于他们在面对机遇的时候有没有“走心”。

一、创业的初心

不忘初心，方得始终。

这是很多创业者都耳熟能详的一句话。“初心”，意为最初的心愿。[①]几乎每个创业者都是为了某个或某几个心愿才迈出了创业的步伐。可以说，初心就是创业者的梦想。

1. 每个创业者都是有梦想的人

有梦想的人才有实现梦想的机会。阿里巴巴集团创始人马云认为，作为一个创业者，首先要给自己树立一个梦想。人没有梦想，没有一点浪漫主义精神，是不会成功的。创业其实很简单，只需要一个强烈的欲望：我想做什么事情，我想改变什么事情。

一个人事业成功的第一要诀就是要有梦想。梦想是一面旗帜，它指引着创业者前进的方向。无论创业的路上有多少挫折和困难，梦想的力量可以助创业者一路披荆斩棘。梦想就像一团火，不断激励着创业者以无比的热情和不懈的努力向着目标前进。梦想为创业者的发展提供了强大的动力支持和活力保障。

正是因为有着“为全球女性带来一个全新的体会以帮助她们改变生活”的梦想，使得雅芳公司总裁和首席营运长官钟彬娴带领下属为雅芳赢

① 《现代汉语词典》（第6版），北京，商务印书馆。

得了骄人业绩。也正是因为乔布斯的“活着就是为了改变世界”的梦想，使得苹果公司家喻户晓，使得苹果产品风靡全球。

那么，你创业的初心、梦想是什么?

这是值得每一个创业者认真思考的问题。在威尔·史密斯主演的电影《当幸福来敲门》中，有这样一句话：如果你有梦想的话，就要去捍卫它。那些一事无成的人想告诉你，你也成不了大器。如果你有梦想的话，就要去努力实现。

带着梦想去创业的人，一定比只为钱或者想要更轻松的工作而创业的人，有更多成功的可能。

被《时代周刊》誉为“世界第一制造人”的冈野雅行说：“我只做那些‘太便宜没人愿做’和‘太困难没人能做’的工作；被别人说‘不可能做到’，我就会从心底燃起非成功不可的决心。”冈野雅行骨子里就是一个倔强的、偏执的、爱挑战的匠人，他拥有着别人无法企及的梦想。

冈野设计研发“无痛注射针头”的初心源于一份订单——一家医疗器械公司的研发负责人递给冈野一张纸，上面写着：长20毫米，孔直径为0.06毫米，外直径为0.2毫米，针头的尾部为0.35毫米，针头的尖端为0.2毫米。冈野知道，制造这样的针头是一件非常困难的事，但他凭借多年来积累的经验，非常有信心完成它。更重要的是，冈野知道，完成这件事将意味着什么——若能制造出这样如蚊子刺入皮肤那样细的、表面光滑的针，那很多人就再也不会因为打针而感到疼痛了。于是，研发这样的针头成了一个匠人的梦想。

然而，冈野和公司的员工谈起此事，所有人都认为“根本不可能”，甚至连被称作“大师”的人也说“这是不行的，办不到的”。但是，冈野有着对梦想“非成功不可”的决心，他开始坚持研发“无痛注射针头”。冈野历时约一年半，终于完成了“无痛注射针头”的试制品。其间，经历过无数次的失败，这期间的艰辛与坚持，只有心怀梦想的人才能够懂。

创业从来都不是一件容易的事。每一个匠人在制作一件产品的过程中，都会遇到各种意外和困难。但因为心中有梦想，而且坚信自己正在做的事是有价值的，所以，他们不会放弃。如果冈野接下“无痛注射针头”的订单只是为了赚取利润，想必不会冒着“绝不可能完成”的风险去坚持研发。如果一个创业者在开始创业的时候只是为了多赚一些钱，或者只是想工作起来更自由、更轻松一些，也许根本无法在没有盈利、没有完备团队、没有充足订单和时间的创业路上坚持下去。

那些成功的创业者在最初开始创业的时候，大多不是为了钱，而是为了梦想。比如，360公司的创始人周鸿祎创业的初心就是想做一件让世界为之震惊的产品。百度创始人李彦宏也曾在互联网创业大会上说，他选择放弃博士学位来创业，并不是为了钱，而是出于对这个行业的热爱。新东方教育集团创始人俞敏洪也曾说，这个世界不断在变，但有些东西不能变。做一件事时，必须要先考虑自己是否热爱这件事。他从来没有发现一个人做一件事情就是为了赚钱，最后还能够做得特别成功的。做事情一定要从心底认可，有信念的人面对失败和挫折时不会太容易放弃。

所以，初心不是“what”，而是“why”。创业的初心不是一件具体的事，而是为什么要创业。甚至可以这么理解：对于创业者来说，要具体做一件什么事并不重要，重要的是你为什么做这件事。做一件事的原因，才是创业者无论遇到多大的困难都绝不轻言放弃的动力源。

2. 除了梦想，还有原则

创业者在创业起点给自己设定的价值观和原则，不仅会影响到创业的走向，还有可能会影响到创业的结局。日本著名企业家稻盛和夫说，坚持正确的原则能够使我们成为一个有操守的人，能够引领年轻人走向事业的成功，更能为我们带来精彩的人生。

华为在创业的初始阶段经常开反省会，团队中的每个人都要问自己：为什么创业？为什么做公司？怎么挣钱？想成为什么样的人？

这些问题的答案最后被汇总到一起并从中概括出了“守正出奇”四个字。“守正”放在前面，就是为了强调要坚持正确的价值观。总裁任正非说，这会可能会让你在当下少挣很多钱，但可以帮助你避开很多风险。

创业的路上会有很多金钱、利益的诱惑，也会有很多挫折、困难和打击。很多创业者都会因此迷失方向，或失去做人、做事的原则，结果往往是赚到了钱，却失去了美好的人生。

真正的匠人都有自己的原则和坚持，不会因此对任何人、任何事或任何理由妥协。在物欲横流的现代社会，要想始终坚持正确的价值观和自己的原则，并不是一件容易的事，很多人在面对苦难时会动摇。这些人觉得，如果投机取巧能够带来利益，而认真踏实地做人、做事却要遭受损失，何苦还要坚持原则呢？

用正确的原则和价值观进行自省、自律，或许会让我们暂时受到损失，但是，如果因被一时的利益所诱惑、被困难所吓倒而放弃原则，从而选择了看起来更轻松的“捷径”，那最终很有可能会陷入万劫不复的深渊。

坚持正确的价值观能够使你始终走在正确的道路上，这对于创业者来说非常重要。现在很多创业者谈理想、谈盈利、谈团队，却极少有人谈价值观、谈原则。在很多人的观念中，价值观、原则远不如盈利重要。

作为创业者，在创业的第一天就应该给自己画定一个界限——什么该做、什么不该做，心里要有一个清晰的裁量和判断。不能为了利益，什么都敢做，内心没有衡量是非的标准是不行的。所以，在创业者的初心中，除了梦想，还要有原则和正确的价值观。

当然，不可能每一个创业者在创业之前就把所有的事情都能想得一清二楚，就像一个匠人在动手打造一件作品之前往往并不十分清楚自己具体要做的作品的样貌。真正精美的作品，往往都是在匠人手中不断探索并创造出来的。同样，创业者的初心在一开始，可能只是一个心愿或梦想——

然后这个心愿或梦想通过在创业路上不断地打磨，最终变成了现实，才成为真正的“初心”。

·创业修炼·

创业是一个自我修炼的过程。“初心”就是在这场修炼中，不断被打磨的钻石。时间愈久愈光亮，也愈显得珍贵。

有了初心，有了梦想，创业路上，你就会懂得自我约束，懂得坚持原则。因为你知道，只有这样，你才能走得更稳、更久，你的梦想才有实现的可能。你就不会为了眼前的利益，让梦想死在尚未实现的路上。

创业到了一定阶段，因为融资、发展等问题，会有越来越多的人想在公司说点什么、做点什么。渐渐地，大家可能会忘了这家公司一开始是要干什么的。但是，作为创业者的你绝对不能忘！每天叫醒你的，应该是最初的梦想，而不是金钱。

二、做专注的创业者

2012 年 7 月，蜚声中外的科学家丁肇中在故乡日照市涛雒镇接受记者采访时说，任何人的能力都是有限的，集中精力做好一件事，才有成功的可能。

纵观国内外成就伟业的创业者，他们无一不拥有专注精神：马云用“只抓一只兔子”的理论专注于电子商务，取得了今天的成就；任正非对于华为成功的密码，只说了一句“坚持只做一件事”；“股神”巴菲特将自己的成功归结为“专注”，而比尔·盖茨对巴菲特的专注之说深表赞同。

1. 创业，非专注无以作为

专注是什么？是对完美的追求，是对梦想的坚持，是对诱惑说“不”。专注不是简简单单的外在表现，而是一种深植于骨子里的精神，不是谁都能模仿得了的。专注就是把全部注意力都集中到一个点上，达到忘我的境界，和自己关注的事物融为一体。

《荀子》的首篇《劝学》中写道：故不积跬步，无以至千里；不积小流，无以成江海。骐骥一跃，不能十步；驽马十驾，功在不舍。锲而舍之，朽木不折；锲而不舍，金石可镂。真正的匠人，正是以水滴石穿的专注精神，成功打造了一件件让世人惊叹的精品，成就了一门门绝妙的手艺。

> 一个木匠面前摆放着一块木料，他脑海中闪现出了一个又一个成品。经过反复思量，他觉得这块木料更适合做一个衣柜。但是，当他动手做到一半的时候，又觉得这块木料做扇门似乎更好，于是他对工艺进行调整，想方设法在木料现有的状况下将其做成一扇门。然而很快，他又认为做一把椅子似乎更合适。于是，他又开始动手修改……最终，这块木料只剩下很小的一块，什么也做不成了。

在“大众创业，万众创新”的时代，市场中充满了各种各样的机会和诱惑，创业者就像一个木匠，而他的心力就像是那块木料。如果目标变来变去，创业者的心力会随之越来越散，所能完成的事项会越来越少，所能取得的成就也就越来越少。但凡走上创业巅峰的人，都是凭借“专注”二字。他们朝着自己既定的目标一直往前走，不管外界有怎样的机会和诱惑，都不受干扰，只用心做好一件事。

从最初几十人的小公司，到成长为通信产业《财富》世界500强首位的世界级大企业，华为的成长之路，唯“专注”二字。

2016年，华为总裁任正非接受新华社记者的采访时说，华为成功的秘诀，就在于专注。华为在只有几十个人的时候就向通信业这一个“城墙口”进攻，在有几百人、几万人的时候也是向着这个“城墙口”进攻，现在有十几万人了还是对着这个“城墙口”冲锋。华为不炒股票、不炒地产，谨慎涉足虚拟经济。创业28年以来，华为只坚持做通信领域这一件事，并在这一个方面做大、做强。

当面对新华社记者提出的关于“中国有可能成长出许多个‘华为’

吗？”这个问题时，任正非表示可以。他认为，第一，小企业做大，就要专心致志为客户服务。小企业，特别是创业的小企业，就是要认认真真、踏踏实实，真心实意地为客户服务。小企业不要去讲太多方法论，就是要真心实意地磨好豆腐，豆腐做得好，一定是能卖出去的。只要真心实意地对待客户，不断改进产品质量，就一定会有机会，不要把管理搞得太复杂。第二，先在一个领域里做好，持之以恒地做好一个“螺丝钉”。第三，小公司不能取得一点成绩就自我膨胀，要踏踏实实、一步一步地发展。

在任正非的观点中，当前中国创业的每一个小公司都有机会成为华为，但前提是要“专注”。专注于为客户服务，专注于一个领域，一步一个脚印地向前发展。一个朝三暮四、一天一个目标的创业者是永远也不可能做出像华为这样的企业的。

在创业的路上诱惑总是很多。要做到专注于一件事，真的很难，不仅要耐得住寂寞、禁得住诱惑，还要战胜得了困难。在这条随时都可能“脱轨”的路上，很多人无法一心一意做自己想做的事，今天看这个赚钱就做这个，明天看那个赚钱又做那个，结果却是竹篮打水一场空。

创业的资本、精力和能力毕竟都是有限的，要是把这些有限的资源投入到无限的目标上去，是不可能做出什么成绩的。

2. 向匠人学习，修炼专注的精神

在一切讲求效率、追求利润最大化的时代，花费大量的时间、精力专注于一件短期内看不到成果的事情上，确实显得有些奢侈。所以，对于创业者来说，修炼一份专注的精神十分难得。如何才能像那些伟大的匠人那样，专注于做好自己手中的事，而不被外界所干扰呢？到底是什么造就了匠人的这份专注？又是什么让这些匠人像“傻子”一样对外界的各种诱惑视而不见、充耳不闻？

（1）听从内心的安排，做最热爱的事。

对于匠人来说，做手中事不是为了钱，更不是为了名，只是为了把事情做好。技艺、作品对于他们来说，是信仰，是追求。

2014 年，New Balance（新百伦）发布了一则广告——《致匠心》。片中，著名音乐人李宗盛，和来自 New Balance 工厂的工匠交替出现，各自专注于制作手中的作品——吉他，和一双 New Balance 鞋。广告的旁白，是李宗盛冷静、诚恳的声音：

人生很多事急不得，你得等它自己熟。我二十出头入行，三十年写了不到三百首歌，当然算是量少的。我想，一个人有多少天分，跟他出什么样的作品，并无太大关联。天分我还是有的，我有能耐住性子的天分。人不能孤独地活着，之所以有作品，是为了沟通，透过作品去告诉人家：心里的想法、眼中看世界的样子、所在意的、所珍惜的。所以，作品就是自己。所有精工制作的物件，最珍贵、最不能替代的，就只有一个字——“人”。人有情怀、有信念、有态度。所以，没有理所当然，就是要在各种变数、可能之中，仍然做到最好。世界再嘈杂，匠人的内心，绝对必须是安静、安定的。面对大自然赠予的素材，我得先成就它，它才有可能成就我。我知道，手艺人往往意味着固执、缓慢、少量、劳作。但是，这些背后所隐含的是专注、技艺、对完美的追求。所以，我们宁愿这样，也必须这样，也一直这样。为什么？我们要保留我们最珍贵的、最引以为傲的。一辈子，总是还得让一些善意执念推着往前，我们因此能愿意去听从内心的安排。专注做点东西，至少对得起光阴岁月。其他的，就留给时间去说吧。

这虽然是一个商业广告，文案中对匠人专注精神的描述却打动了很多人。这是一个匠人内心的独白：作品就是自己。所以，他们才会倾注全部心血去打造手中的作品，保留自己最珍贵、最引以为傲的天分，而绝不会被其他事情所打扰。

（2）重复同样一件事，以求精进。

纪录片《寿司之神》中的主角之一小野二郎说，重复一件事情，使之精益求精，但永无止境，没有人知道真正的巅峰在哪里。靠着这份执着与专注，小野用极为简单的作品——19 个手握寿司（手握寿司的流程很简单，将饭团捏合成型，附上相应的鱼肉，然后再捏合即可）加一个蛋卷成就了世界上无人能够超越的“寿司之神”的地位。

当一个人专注于自己的工作，全神贯注地追求一个简单动作的精进时，他是没有多余的精力再去关注其他事情的。现在很多创业者将自己失败的原因归咎于“没有时间”，而他们的时间都花在了哪里呢？一场又一场的创业培训会、创业比赛、座谈会……积累了一堆可能再见面都无法叫出名字的人脉。如果你没有拿得出手的成绩，即使你有马云、王健林那些商界大佬的微信又能如何呢？没有人会关注一个连自己应该做什么都不清楚的创业者。

所以，不要把创业想得太过复杂，与其把时间浪费在无效的社交上，不如好好专注于自己的初心，把梦想中的那件事做好。一旦你做出了一些成绩，你会惊讶地发现，居然有那么多人对你的梦想感兴趣，并且愿意和你合作。所以，你要做的事只有一件——专注于自己热爱的事业，并不断精进！

·创业修炼·

创业，一定要保持专注。如果你能做到这点，你不仅会赢得自身的精进，还会赢得外界的信任和口碑。

作为创业者，如果你只是想证明自己的成功，或者只是为了多赚一点儿钱，那么，你将很难在创业过程中保持专注，可能会不断地因为外界的原因而分心。最终，可能将一事无成。只有找到自己真心热爱的事业，才有可能将专注进行到底。

三、如果不能做好，不如不做

真正的匠人对于自己要做的事都有这样的态度：要么不做，要做就做到最好；如果不能做好，就不做。他们把自己作为匠人的自尊和名声看得十分重要，绝不允许“砸自己招牌”的事情发生。所以，他们对于自己所做的每一件事都抱着十分谨慎的态度。

1. 做正确的事

很多创业者心怀远大理想，却根本不知道能做什么。绝大多数人都以为，只要努力去做，就一定能做好。这虽然肯定了努力的意义，却是极不现实的。一个漆匠，无论怎样努力也很难完成一个普通木匠的工作，这就是现实。

一个匠人，只有做他最擅长的事才能有所成就。一个创业者，只有做正确的事才能取得成功。马云曾说，如果方向选错了，做得越对死得越快。所以，他在内部邮件中向自己的所有员工传达的是，只有知道自己有什么、要什么、该放弃什么，才不会迷茫。然而，很多创业者却忽视了这一点，在盲目中陷入了混乱的陷阱。

（1）过于高估自己的能力和资源。

绝大多数的创业者在自己梦想的激情中，都会出现高估自己能力和经验的问题。有些人甚至把自己当成了可以拯救世界的无所不能的英雄。于是，这些人要么是设定了一个依靠自身能力和资源根本无法完成的目标，要么是在各种利益的诱惑下试图抓住所有的机会。总之，他们活在了自己的幻想中，把自己的能力和经验无限放大，忽略现实，最终被残酷的现实“打入冷宫”。

美国康奈尔大学的社会心理学家大卫·邓宁博士通过研究发现，实力越弱的人越容易夸大自己的能力。如果从这一点来看，就不难理解为什么那些伟大的匠人在各种机会和诱惑面前能够准确地判断出自己该做什么、该放弃什么了。

对于创业者来说，对自身能力、经验和资源拥有清晰的认识，非常重要。创业不是仅靠一个创意、一笔资金、一个团队就能成功的，它是一个复杂的系统。在这个系统中，任何一个细节的误判都有可能导致满盘皆输。

（2）过于低估即将遇到的困难。

在“大众创业，万众创新”的口号下，越来越多的年轻人加入了创业的大军。其中有不少创业者认为，只要自己有一个好点子，然后再找点投资、拉个团队就能创业成功。但事实上，随着市场越来越完善、越来越成熟，创业的难度也越来越大。在二十年、甚至十年前，可能你很容易就能找到一个没人做的市场空白，然后你努力去做了，你就能成功。这样的机会，在今天越来越少。即使偶然有，当你准备去做的时候，你会发现，很多人同时也发现了这个机会。

除了机会越来越少外，创业的成本也越来越高，创业者很难像以前那样轻而易举地就获得“第一桶金”。再也没有人能够像宗庆后那样只是靠推着自行车卖冰棍就赚到“第一桶金”，也很难有人能够像马云、马化腾、李彦宏最初创业的时候那样，投入几十万元、雇用几个人、租一套公寓，就能一步步将公司做起来了。

现在绝大多数的创业者，都远远低估了创业的资本投入。无论是房租成本还是人工成本都越来越高，可能最初你估算的50万元能做起来的事，投入100万元都不一定能成功。对于一些“烧钱”的行业，更是如此。最典型的例子就是“我爱洗车”，短短10个月烧掉了500多万元，最终依然难逃倒闭的命运。

创业者对于时间成本同样存在低估的情况。许多创业者在真正开始创业之前都认为当老板自由、轻松，为了能够不朝九晚五去上班而创业的人，应该不在少数。但事实上，一旦踏上创业的征途，一天只工作8小时那简直是奢侈的。据统计，绝大多数的创业者都处在一天工作16小时、一周工作7天的“连轴转”状态。

所以，尽管现在政府积极支持、鼓励创业，并且出台了很多相应的政策，但对创业者而言，这只是锦上添花的事。如果创业者自己做不好，对创业没有清晰的认知，高估了自己的能力、资源，低估了创业的困难，这些都将直接导致创业的失败。

所以，每一个创业者在准备创业之前，都应该对自我、对市场进行深人的评估和分析。要像匠人一样，在开始制作一件作品之前，就根据原料、产品设计，结合自己的经验评估风险。在确定自己能做好的前提下，再带着绝对的自信开始。否则，不如不做。

2. 正确地做事

正确地做事，是指当确定自己要做一件事之后，以一种“一定要做好”的态度去完成，而不是敷衍了事，更不能中途退缩。“一定要做好”的态度里，包含着追求极致、坚持到底的决心。

（1）没有最好，只有更好。

匠人追求极致的心态，并不只是追求完美那么简单，而应始终保持一种力争做到更好的态度。在追求极致的路上，没有终点，只有一点一滴的提升。无论手中正在做的事情是什么，真正的匠人都时刻提醒自己要有精品意识，注重每一个细节的完善，全力以赴做到更好。

在当前竞争压力越来越大的创业环境之下，没有更好的创业机会，没有更低的创业成本，那么，就只能拼谁能把事情做得更好。如果你对产品和服务的追求始终保持着“没有最好，只有更好”的态度，你会在细节上比别人做得更好。当这些细节累积在一起，就会使你卓尔不群，获得比别人更好的机会。

对于创业者来说，市场是在不断变化的，客户需求也是在不断变化的。所以，唯有始终保持着“没有最好，只有更好”的态度去追求极致，才能赶在变化之前抓住机会，取得成功。

（2）认真踏实地做事。

腾讯前 COO（首席运营官）曾李青在第一届“清华 IT 创新大赛”开幕式暨首期创业辅导讲座上曾奉劝清华大学的创业者，不要把自己的目标定成做李彦宏，这样的目标可以说连 20% 的机会都没有。创业者的目标应该是把企业做好，把商业模式做好。他还说了自己的亲身体会是：在他们刚开始创业的时候，从来没有想过未来会怎么样，只是一步步、踏踏实实地把该做的事情做好，这样公司就会好，创业者个人的财富就会上来。

这是一个蹚过创业的“浑水”的人发自内心的感悟。很多创业者觉得给别人打工太辛苦，不如自己创业。创业是什么？是自己给自己打工，自己对自己负责。一个给别人打工、在别人的监督和管理之下都不能认真踏实做事的人，到了给自己打工、无人监管的时候，能好好做事？在一个公司里，老板都不好好做事，又怎么能奢望员工好好做事？一个公司里，没有人好好做事，还谈什么业绩和成功？

所以，对于创业来说，梦想很重要，那是目标、是方向、是动力。但是，认真踏实地做事更重要，那是能够让梦想照进现实的唯一途径。

·创业修炼·

新东方创始人俞敏洪说，新东方从来都是一点一滴地做事，始终抱着一步一步把事情做好的心态。他从来没觉得新东方是大企业，每天都是用创业者的心态来做事。所以，一定要有踏实的目标，慢慢做。

匠人虽多，但真正有所成就的却不多。创业虽多，但成功的例子却不多。任何人，要想有所成就，唯有认真踏实地做事这一条路。

四、只做“一”，不做“二”

一，最小的正整数。在《说文·一部》中，一的引申义为：惟初太始，道立于一，造分天地，化成万物。意指，一是初始，有了一，才有二。

月牙山人的《中华心法》中：一指专精。一者，谓专精也，用心一也，专于一境也。谓之不偏、不散、不杂、独不变也，道之用也。故君子执一而不失，人能一则心纯正，其气专精也。人贵取其一，至精、至专、至纯，大道成矣。此自然界生产力之不二法则。

由此可见，在中华传统文化中，“一”有着极为特殊的地位。真正的匠人，其一生的追求也只有一：一生只做一件事，做专，做精，做到第一。

1. 要么第一，要么唯一

京东创始人刘强东在谈及创业梦的时候曾说，作为创业者，必须要有远大的梦想，只做第一，即使一辈子都难以做到。

1998 年，刘强东离开外资企业，创立京东。

2001 年，京东成为光磁产品领域最具影响力的代理商，其销售量和影响力在行业内首屈一指。

2004 年，京东在全国首创即时拍卖系统。

2006 年，京东开创业内先河，正式开放全国第一家以产品为主题对象的京东产品博客系统。

2007 年，京东建成北京、上海、广州三大物流体系，总物流面积超过 50000 平方米。

2007 年，京东商城在中国电子商务领域第一个开通移动 POS 上门刷卡服务，开创先河。

2009 年，京东商城获得今日资本、熊牛资本、梁伯韬私人公司三家公司共计 2100 万美元的投资。这笔投资是中国电子商务企业继 2008 年金融危机以来的第一笔融资。

同年 3 月，京东商城单月销售额突破 2 亿元，成为国内首家也是唯一一家月销量突破 2 亿元的 B2C 电子商务公司。

2014 年，京东在美国纳斯达克证券交易所正式挂牌上市，是中国第一个成功赴美上市的大型综合性电商平台。

2015 年，京东在中国自营式 B2C 电商市场的占有率为 56. 3%，成为中国最大的自营式电商企业。

……

从以上数据可以看出，刘强东的创业步伐一直没有停滞，他一直在为实现自己“争做第一”的创业梦而努力着。

苹果公司的前任掌门人史蒂夫·乔布斯曾说，活着就是为了改变世界，难道还有其他原因吗？这句言简意赅的话充分阐述了作为一个匠人所追求的“只做第一，不做第二”的极致精神。

对于匠人来说，人的生命只有一次，既然做了这件事，就要把这件事情做到极致，否则就是人生的遗憾。所以，一个优秀的创业者要学习匠人的精神。

当然，并不是说所有的创业者都必须做到第一，也不是告诉创业者如果做不到第一就不要去做了。“第一”不是一下子就能做到的事情，它是一种信念、一种追求完美的精神，不是一蹴而就的。对于匠人来说，即使不能做到第一，也会努力地追求第一。即使一辈子做不到，也不能随波逐流、得过且过。即使输，也不能输在起跑线上，要尽自己最大的努力去追求、去奔跑，人生只要没有遗憾就是自己心中的第一。

有这样一句话：即使不能超越别人，也要超越昨天的自己。只要你今天超越了自己的昨天，明天能超越自己的今天，你就已经在通往“第一”的路上。

2. 做专，做精

随着互联网的发展，信息传播的速度加快，很多创业者在创业的时候一旦遇到困难、挫折就会想到转行。他们认为，既然自己的产品不好卖，那就从网上找好卖的产品，通过模仿、复制生产同样的产品，再以低于市场的价格去销售，不就成功了吗？

很多创业型公司在经营的过程中，为了“抢市场、争份额”，只关注生产数量和销售额，别人的产品一旦降价，他们就想方设法地偷工减料，通过降低质量来降低生产成本，以达到价格竞争的优势，赚取不道德的利润。但是相关数据表明，我国中小企业的平均寿命只有2.5年。也就是说，我国每天都有成千上万这样的小公司成立，同时也有成千上万这样的小公司关门倒闭。这也说明那些没有把产品做专、做精的创业者不仅生存环境恶劣，生存寿命也很短。

马云在“云计划”商业智慧分享平台回答创业者提问时有这么一个关于做专、做精的案例：

有人提问：

我曾经经营一间酒店，没干一年就关门了。接着我发现房地产很热，买房子的人特多，就卖起了整体橱柜和卫浴。这行我做了五年，没想到不但没挣到钱，反而赔了，前些日子店也关了。现在因为本钱问题，我不敢再盲目投资了。这几天我发现手机利润还可以，想开个手机店。我还发现某品牌地板很有卖点，想做个市级代理。请马总支招。男怕选错行，女怕嫁错郎。创业中倒霉的事儿都让我摊上了，我的家庭也因此不和谐了。重要的是，钱快花完了。

马云回复：

你没有入错行，是心太花，不知道自己要什么。你永远追在市场之后，追在今天最赚钱的行业之后。看到这个行业有钱赚，就跳进去了。如果你觉得这个行业自己可以做得更好，自己有独特的方法，坚定不移地相信自己能为这个行业做出独特的价值、为这个行业的客户做出独特的价值，那么，你就可以坚持走下去。

你之前的做法就像猴子掰玉米。先跟你说一个坏消息，就是你这样的做法肯定要失败；再说一个好消息，就是绝大部分的失败企业都是因为不够专注。没有信仰、没有坚信市场，看到别人赚钱就进去，很多人也都看到利益也都跳进去了，于是这个市场就变小了。如果你没有想清楚能为客户创造什么独特价值，没有找到自己真正热爱的事业，还是会失败的。

做企业一定要专注，要坚持，要有激情，要相信自己可以为客户创造独特的价值，相信自己可以做不一样的事情。不要怪某个行业不好，天下没有不好的行业，再不好的行业中也有好企业，再好的行业中也有烂企业。所以别怪行业，要怪就怪自己。要做正确的事，正确地做事。

马云可谓是中国新时代的匠人，他专注于电商平台这一件事，最终把阿里巴巴集团做成了中国电子商务的领头羊。孙正义曾评价马云说，在众多的企业家中，马云是唯一一个三年前对他说什么，现在还是对他说什么的人。

把一件事情做专、做精的经营理念使得马云取得了巨大的成功。马云的专注告诉我们：一个创业者要找准自己能做什么，并持之以恒地做下去，才能把企业做强、做大。在回答别人关于阿里巴巴集团将来发展战略的提问时，马云坚定不移地表示，阿里巴巴下一步的战略方向是电子商务，永远是电子商务、电子商务、电子商务……

对于匠人来说，专心地做一件事，并把它做专、做精，就是最大的成功。

·创业修炼·

只做第一，是一种坚定不移的信念。对于一个富有匠人精神的创业者来说，有可能一辈子也做不到第一，但是不能失去追求只做第一的勇气。作为一个创业者，你要时刻告诉自己，我可以做到第一，并矢志不渝地坚信自己能够做到第一。

能够让你以最快的速度登上创业成功之巅的路，恰恰是最简单的那条路，就是“只做一件事，但一定要把它做到最好”。很多创业者无论是在创业前还是在创业中，都被各种信息围绕、诱惑，甚至完全忘记了自己创业的初心。事实上，只有当你聚焦于一件事，并把它做专、做精，你才有机会走得更远。

只做第一，是一种追求完美、不留遗憾的精神。创业者无论做什么事都要付出自己最大的热情。你可以做不到第一，但是你一定要成为在追求的过程中付出最大努力的人，或者做第一个“吃螃蟹”的人——勇于尝试、敢于创新。

五、越小的事越值得做好

“从小事做起。”创业投资公司 YC（Y Combinator，以下简称 YC）的联合创始人保罗·格雷厄姆说，“许多想要创业的人相信，创业这件事要么大成，要么不成。”事实上，即使已经立下了远大的目标，持有“要么做第一，要么做唯一”的态度，你依然要回到创业的起点，从最小的事做起。一天的 24 个小时都在念叨梦想是没有意义的。就像一个手中拿着工具，却始终不开始工作的人，他永远也不可能做出任何作品。

1. 从小事做起

每一个伟大的匠人都是从一点一滴的小事做起的。比如，日本小林研业的“iPod 镜面加工”，几十年都专注于做寿司的“寿司之神”小野二郎，从画鸡蛋开始成为大画家的达·芬奇等。创业者恰恰就需要这种态度。一个眼中无小事，做不好小事的人，是不可能创业成功的。

> 在“寿司之神”小野二郎的店里，顾客一入座，店员就会递上热毛巾。热毛巾是店中学徒手工准备的，拧热毛巾中的训练很辛苦。学徒首先要学会拧热毛巾，毛巾很烫，刚开始训练时会烫伤手。但是，没学会拧热毛巾的学徒，不允许碰鱼。拧热毛巾的训练结束后，学徒要学会用刀和料理鱼。再过十年后，才能学习煎蛋。
>
> 一个在小野二郎店里工作的员工说：“我学煎蛋已经很久了，我以为自己没问题。但实际真正开始煎蛋时，我不断做错。他们一直说‘不行，不够好’。三四个月后，当师傅说，这才是应该有的样子。时，我高兴得哭了。这之后，我终于被他（小野二郎）称为‘职人’。我高兴得想挥拳庆祝，但我很努力地不动声色。这就是我这些年来努力的目标。”

这名学徒花十余年时间在拧毛巾、料理鱼这样的小事上，然后再花大量时间在煎蛋这件小事上，最后因为终于得到小野二郎的认可，被称为“职人”而“高兴得哭了”。这就是匠人精神——把每一件小事都做到极致，越小的事越值得做好。

有多少创业者是因为不屑于做那些在职场中的琐碎小事而转向创业之

路的，又有多少创业者在选择创业方向的时候认为“要做就做一件大事”？

新东方创始人俞敏洪诚恳地告诫创业者，做什么事情都是从小事做起的，不要着急。他认为，“从小事做起”包含三个要点：一是愿意从小事做起；二是心中有明确的目标，知道当下做的小事对于最终目标的意义；三是要有一种自始至终为了最终目标把小事做好的精神。

大事业都是从小事情一点一点积累起来的。没有认真做好小事，打不好基础，大事永远也不可能做好。如果没有对拧毛巾、选原料、料理鱼、煎鸡蛋等这些小事的认真负责并做到极致的态度，小野二郎终其一生也不可能成为“寿司之神”。

万通控股董事长冯仑曾经说过：“我拿着一杯水，马上就喝了，这叫喝水；如果我举 10 个小时，叫行为艺术，性质就变了；如果有人举上 100 个小时，直至死亡，这个动作还保持着，实际上就可以做成一个雕塑；然后如果再放 50 年，就成文物了。”可以说，任何一件小事做到极致，都是成功。

2. 关注工作中的小事

创业，恐怕是世界上最繁忙、最琐碎的工作了。作为创业者、一家公司的创始人、一份事业的掌舵者，你需要考虑的大事实在太多了：公司未来如何发展？下个季度目标定多少合适？这个季度的目标能够完成吗？公司的团队如何搭建？产品的市场反馈如何？创业资金还能维持多久？下一笔投资什么时候到账？

这些“大事”，几乎每一件都是创业成败的关键。但是，如果你每天只盯着这些“大事”，而不能脚踏实地地去做工作中一点一滴的“小事”，恐怕公司很快就会运转不下去。比如，你十分担心因为没有钱而使公司陷入困境，便把所有的心思都用在了寻找投资上，甚至为此不眠不休，只想着“下一笔投资什么时候到账”。结果很有可能因为产品的某一个细节没有做好而使你彻底失去用户的信任，也很有可能当投资人来到你的办公室因为看到脏乱不堪的场面而放弃对你的支持。

相反地，如果你把心中所关注的每一件“大事”都进行分解，然后一点一点地去完成，大问题很快就得到解决了。比如，你很关心产品的市场反馈如何，于是便不断地给销售人员打电话询问。结果销售员因为你的过度关注而乱了阵脚，不仅市场反馈没有收集到，业绩还出现了下滑趋势。事实上，当你把“大事”进行分解之后，你就会发现，很容易就能得到想要的答案。

所以，即使你已经是“大老板”，要想完成大目标，也必须从关注工作中具体的小事做起。俞敏洪认为，任何一个伟大的东西，你把它分到日常的每一天去做，都是很小的事情，甚至是很无聊的事情。但是你得明白，日复一日约见客户；日复一日背着书包去上课；日复一日处理新东方内部员工琐碎的事情……这些东西是需要你有强大的现实主义精神才能做成的。他说他特别喜欢把一件具体的事情做得又好又完整，这是新东方成功的最基本保证。

成功没有任何捷径，它就像匠人日复一日的重复动作所积累起来的技艺、经验，必须把每一个细小的动作都做到位，才能做成伟大的作品。

Airbnb（爱彼迎）——总部设在美国的一家联系旅游人士和家有空房出租的房主的服务型网站，被时代周刊称为“住房中的 eBay（亿贝）”。我们首先来看一下，Airbnb 所取得的成就：

截至 2015 年 Airbnb 的市值据估计已经达到 200 亿美元。2015 年，它在全世界 190 多个国家拥有 1.2 亿个房源，平均每晚有 40 万人住在 Airbnb 提供的房间里。它改变了人们的租住意识：从住酒店到住进别人家里，而房东又愿意让你住。同时，它也改变了整个行业：Airbnb 成功之后，市场上出现不少效仿者。

如此看起来，Airbnb 真是一个很大的事业。事实上，在最初，Airbnb 只是为找不到酒店住宿的人提供出租充气床垫和早餐的小事。为了做好这件小事，Airbnb 的创始人跑到纽约，从睡朋友家的沙发开始，一家一家地敲陌生人的门，向他们介绍自己的想法——把空余的房间租给有需要的人，然后，睡在认同他想法的陌生人的客厅里，再拍下照片传到 Airbnb 官网上。

正是这样的小事，使 Airbnb 积累了第一批用户。同时，也因为创始人团队对小事的认真，赢得了一些用户的“真爱”。这些用户也成为 Airbnb 最早的一批口碑传播者，直至 Airbnb 的用户从几个街区扩展到整个纽约，再到全美国、全球。

2009 年的时候，Airbnb 每周的营业收入依然只有 200 美元。如此下去，公司未来的发展目标将很难实现，这是一件大事。但是，创始人团队却在对问题进行分解之后发现了一个很小的问题——Airbnb 网上的房间照片都大同小异，房东基本上都是随便拍拍照。于是他们认为“房客不会对这些看起来相同的房源有兴趣的”。

为了解决这个小问题，创始人团队做了很多尝试，比如告诉房东拍一张漂亮的房间照片有多重要，再比如做一个如何拍出好看照片的小册子送给房东以提高他们的拍照水平。但是，结果都不理想。最后，他们只得亲自去做“拍照”这件小事。他们租了一台很贵很好的相机，然后再逐一联系 Airbnb 网上的房东，一家家地上门去帮助他们给房间拍照。当然，他们也负责帮助房东把原来的旧照片换掉。

Airbnb 创始人团队只是做好了“拍照”这件小事，网站的营业收入却在一周之后翻了一倍——从每周的 200 美元变成了 400 美元。Airbnb 也由此走上了快速发展的道路，最终成就了在前面所提到的那样大的事业。

任何一个人，想一步登天，一口吃成个胖子，都是不太可能的。所以，那些伟大的梦想和目标，不是一朝一夕就能够实现的。但是，如果你能够集中精力去做一件小事，并且把这件小事做到最好，做到极致，人们很快就会注意到你的努力和成果。然后，这件小事会帮你吸引更多实现大梦想的力量，最终使一切变成水到渠成。

创业无小事，越小的事越值得做好。

·创业修炼·

一家公司既要有掌控全局的 CEO，也要有接打电话的文秘，谁能说接打电话这样的小事无足轻重，不值得做好呢？对于初创公司来说，不论是创意还是执行，最终决定结果的，恰恰是那些“不起眼的小事”。所以，哪怕是很小的事，都值得认真踏实地做到最好，然后才会有成功。

在YC，人们总是说，从小事做起。很多想要创业的人相信，初创企业要么获得巨大成功，要么就干脆别启动。其实，初创企业的成功，关键在于创业者的推动。可能有些企业自己也会成长，但通常来说，企业都需要某种形式的推动力来使之运行。这就像熄火的汽车，一旦引擎启动了，汽车会继续运行下去，但为了让它启动，最初还需要人力来推动它。

——YC联合创始人保罗·格雷厄姆（Paul Graham）

六、用足够的耐心去攀登极致

李宗盛在《致匠心》中说：“人生有很多事情急不得，你得等它自己熟。”对于匠人来说，要做出最好的作品，就必须耐得住性子，沉得下心，不怕慢，不怕产量低。因为要攀登极致，做出精品，非要有耐心不可，而这正是匠人精神的重要内涵。

1. 欲速则不达

《论语·子路》中说：“无欲速，无见小利。欲速则不达，见小利则大事不成。”无论是匠人，还是创业者，一味追求速度、忽视效果，反而难以达到目的。

有一个画家，因为没钱养家，经常被妻子埋怨：“天天画，也不见有一幅作品出来。”时间久了，他也觉得不是个办法。于是，他一改往日一心只想画出精品的做法，开始大幅度地提升创作速度。他从一年画一幅画，慢慢地提速到半年，然后是三个月，再然后是一个月，一个星期，甚至是一天。然而，他的画卖价也从开始的几万元一幅，降到几千元、几百元、几十元。

刚开始，买画的人还很多，妻子对画家的“高产”表示很高兴，画家也为自己的“迷途知返”而庆幸。他以为，当他能一天画一幅画的时候，因为产量大，买的人多，他很快就会实现“成为知名度很高的画家”的愿望。而事实却相反，慢慢再也没有人买他的画。

当这个画家郁闷地在街上闲逛的时候，他看到一个昔日的画家朋友在办画展。他走进展厅，发现里面陈列的画并不多，但每一幅都是精品，而且其中有将近一半的画作已经标注“已售”。

画家找到自己的老友，问他成功的秘诀。老友摇摇头，说：“没有什么秘诀。只是尽全力去画罢了。为了画这些画，这些年我基本上都过着隐居的生活。虽然我已经把全部精力都用在作画上，但仍然需要一年甚至更长的时间才能完成一幅画。”

成功从来没有捷径。当你想抄近路，像故事中“高产”的画家那样，反而会因为对质量的忽视而失去更好的机会。为什么现在很多人开始追求手工制作的产品，而放弃流水线上快速产出的复制品呢？不仅因为那些复制品缺乏个性，更因其品质无法与花费了制作者大量心思、慢慢做出来的手工作品相提并论。

同样，现在有很多创业者，未经过认真的思考和准备，就匆忙开始创业，且急躁冒进结果却事与愿违。这就是欲速则不达。还有很多创业者总把“忙”挂在嘴边，总觉得事情一大堆，不快不行。听员工汇报工作，要求“快一点，告诉我结果就可以了”，最后却因为过程不够完善而出了问题，一切要重新来过；和客户谈合作，总想尽快有个结果，没有把握好谈判的节奏，结果反而把客户“逼”跑了。

对于创业者来说，凡事要有紧迫感没错，但这并不等于急于求成。再急，也要有追求高品质的耐心，否则，事情虽然完成了，却有可能因为质量不过关而导致最终失败。一心只想要结果，过于急于求成，就不可能把事情做细、做精，连在品质上下大的工夫都不愿意，更别提追求极致了。

然而，互联网时代的创业者，几乎对“快”达成了共识。在他们的逻辑里，互联网创业一定要快，快速推向市场、快速迭代升级，仿佛唯有如此，才能成功。甚至小米科技的创始人雷军曾这样公开表示，他坚信“天下武功唯快不破”。他认为，快有时候就是一种力量，快了以后能掩盖很多问题，企业在快速发展的时候往往风险是最小的，当速度一慢下来，所有的问题都暴露出来了。所以他认为，怎么在确保安全的情况下提速是所有互联网企业发展中最关键的问题。

这些话语中透着对“快”的赞扬，同时也强调了“迭代升级”“确保安全”这样的字眼。毫无疑问，无论是“迭代升级”还是“确保安全”，其背后的意思都是要“做得更好”。因为用户只会为他们认为真正有用并且体验良好的产品埋单。所以，即使是互联网的创业者，也要以“做好”为前提去追求“快”，而不是以“快”为前提去做事。只求快的话，可能永远也做不好。

2. 慢工出细活

著名导演王家卫曾说，电影是他最擅长的表达方式，他希望每部电影都达到极致。这是他对自己最起码的要求，最高的要求是自己喜欢，观众也喜欢。他拍电影的过程相对于其他导演来说，要“慢”得多。30 余年的导演生涯里，王家卫只拍了 10 部电影。但是，几乎部部都是精品。对此，他说认为，工夫都不是白花的，要达到一定的水准，慢和时间都是必需的。

对于别人眼里的慢和拖延，王家卫却认为，拍电影就像做菜，有些菜比较简单，速度就快，比如电影《重庆森林》，花了六个星期就拍完了。有些菜要“炖”，比如《一代宗师》，那个世界是他完全不熟悉的，就要花费很长时间。但这是一条很迷人的路，他不会感觉浪费时间，他愿意走下去。

我们无法评论王家卫的电影究竟如何，毕竟我们不是专业的影评人员。单说王家卫为了拍出一部自己喜欢、达到极致的电影的这份耐心，就足以让我们动容。在这个物欲横流的社会，要抵挡得住各种诱惑、风险以及质疑，花费近十年的时间去准备一部电影，然后再花三五年的时间去完成拍摄，最后再花一年的时间去制作，这份耐心背后正是“追求极致”的匠人精神。

好电影需要用心去拍，伟大的事业同样需要用耐心去“熬”。对于创业这件事，同样是急不得的。绝大多数死在创业路上的公司，都是因为贪大求快：不断地拉投资，不断地扩张，结果不是产品出现问题，就是团队出现问题，或者资金链出现问题，总之最后死掉了。如果创业者没有足够的耐心去把事情做好，做到极致，耐心等待成功，那就只能耗费更大的耐心去消化失败。

习武之人常说“入门先站三年桩”，如果没有耐心把基础打牢，学到的功夫也不过是“花拳绣腿”。创业亦如此，唯有稳扎稳打、耐心付出，最终取得的成功才是有价值的。如果急于求成，盲目追求速度，结果反而会陷入困境，甚至直接导致创业失败。

世间万物都有一个成长的规律，一个人的孕育要经历十月怀胎，一棵树的成长要留下清晰的年轮，一个创业者的成长也必须有一个过程。即使是一直强调“快”的雷军，在创办小米之前，也曾经历了二十多年的沉淀，才有了对小米的精准定位，以及出色的营销和管理能力，然后，才有了小米的快速发展。

如果你的能力还撑不起你的梦想，那就踏踏实实地做事，提升自己的水准。“一夜暴富”“一夜成名”的故事永远只是个例，对于绝大多数的普通人来说，要想成功，只有认认真真把事情做好这一条路。而走在这条路上的态度，一定是慢下来，沉静下来，用心去做，以足够的耐心去追求极致。

曾经的“烟王”，如今的“橙王”——褚时健曾说，很多年轻朋友在创业时，普遍存在一个问题——想快富，想今天上手，明天就变成一个富翁。很多年轻人埋怨自己大学毕业七八年了，事也干了好多年，却富不起来。要想富，想马上创业成功，这不可能。好事多磨，要有耐心。凡是创业成功的人，都是费了很多事，碰过很多困难。要把困难一个一个解决，不要想着快点富，慢点富才符合规律。

这是来自一个老人，也是一位成功创业者的经验分享。同样一条路，你走了一年，到终点了，什么也没看到，你抱怨说："这根本不是一条好路。"但是，当你回头，发现那些花了十年还没走到终点的人，却收获颇丰。因为只注重速度的你，忽视了路上的风景。

当然，"慢"是一种态度，一种希望打磨精品、追求极致的态度，并不是让人在工作中不讲求效率，甚至于犯上拖延症。慢，强调的是精品意识，是把事情做细、做精的态度。

创业是一场马拉松，你越是急躁用力，离终点就越远。慢慢来，保持绝对的耐心和毅力，反而更容易成功。

· 创业修炼 ·

创业路上，只有耐得住寂寞、扛得住诱惑，只一心想把事情做到最好、做到完美，坚持自己的目标，打造自己的核心竞争力，才能得到成功。没有这样一个过程，所有的结果都是虚幻的。

对于创业者来说，最大的创业风险不是金钱的损失，而是信用、品牌的损失。如果你没有足够的耐心去把产品、服务做好才推向市场，而是急于求成，结果只会让你彻底失败。因为，你失去了市场对你的信任。

七、慎终如始，则无败事

老子的《道德经》中有云："慎终如始，则无败事。"意思是：谨慎收尾，如同开始时一样，就不会有失败这件事。强调做事要始终如一，持之以恒，即使到了最后也要像刚开始那样保持激情、严格要求自己。这种"不忘初心，始终如一"的匠人精神，正是创业者需要学习的。

1. 寂寞，诱惑，压力

"天将降大任于斯人也，必先苦其心志，劳其筋骨，饿其体肤，空乏其身，行拂乱其所为，所以动心忍性，增益其所不能。"这是很多人在学生时代都已经熟记的一段话，用作创业路上的自我安慰与勉励，再合适不过。

创业这条路，注定是孤独寂寞的、充满诱惑和压力的。所谓寂寞，是在你还没做出成绩之前，没人知道你，没人相信你，没人支持你，更没人陪伴你。当你怀揣着梦想向投资人或客户介绍你的事业、产品时，得到的很可能是一句："嗯，的确不错。"然后，就没有然后了。在看不清未来、看不到光亮的时候，你只能对自己说："不忘初心，方得始终。再坚持坚持就好了。"这样的寂寞，除了创业者，没人能懂。

绝大多数的创业者，都曾品尝过"连个聊天的人都没有"的寂寞。因为你说的那些梦想、目标、困境没有人懂，而你的"诉苦"只会被身边的亲戚、朋友以"为你好"为借口泼冷水："我看挺不靠谱的，你还是放弃吧。"为了远离这样的"冷水"，你只能远离那个不认可你的圈子，然后一个人咀嚼着创业的寂寞和孤独。只有在这条路上能够坚持下来的人，才能品尝到成功的滋味，其余的都"死"在了耐不住的寂寞上。

这种寂寞，拥有匠人精神的创业者更深有感触。在这个浮躁的时代，当那些强调快、性价比、利润、投资和销量的创业者们捧着既得利益四处炫耀的时候，对于希望打造精品、追求极致的创业者们来说，是极大的诱惑，同时也是极大的压力。在这份诱惑和压力面前，我们要学会排解内心满满的抗议、不满，以及各种羡慕、嫉妒、恨，然后，再默默地提醒自己：做一个有情怀的创业者，慎终如始。

"80后"创业者屈伟，是红麦聚信（北京）软件技术有限公司的创始人。对于自己创业成功的经验，屈伟表示，如果创业的路上无法忍受孤独和寂寞，成功的概率可能要低一些。因为创业的过程中有很多事情无法预料，这需要创业者坚持，即使有时很多人不理解，也不能轻言放弃，否则，就真的会失败。

在创业初期，因为没有客户、没有业绩、没有资金，甚至连公司的正常运转都成了问题。于是，团队中的很多人都打起了退堂鼓。作为创始人，屈伟顶着巨大的压力，无人可诉，也不知道未来在哪里。

屈伟最终选择了坚持初心。他表示，创业者的坚持，是因为他们心中有一个更高远的梦想，有时候，即使是孤独的，该坚持的也一定要坚持。

如果没有在寂寞、孤独中坚持，谁也不知道屈伟的创业之路是否还能如今天这样顺畅。

有一次，盛大网络集团的董事长陈天桥在接受中央电视台采访时被问：“您在短短几年的时间里积累了巨大的财富，您认为最重要的是什么?”陈天桥回答：“要勇气，要眼光，要学识，但到最后我认为执着是非常重要的。我曾经说过一句话，比陈天桥、柳传志、张瑞敏先生聪明、有智慧的人大有人在，中国藏龙卧虎，但人的价值观不同，他可能其乐融融于三口之家，在乎能够和朋友一块喝茶。但是我相信一个真正的企业家，应该有一种‘病态’的执着，而所谓的‘偏执狂’。我觉得这种执着，在一开始的时候，它是带了很多赌博甚至说幸运的成分在里面，但在未来我的执着会更加理性、更加沉稳地往前发展。许多时候，需要静下心来，要耐得住寂寞，这是非常关键的。”

作为创业者，从选择创业这条路开始，你就要知道，这是一场心力和体力的长跑比赛，倘若你能够耐得住寂寞、扛得住诱惑、顶得住压力，你的未来可能会很光明。如果有一天，你感觉实在坚持不下去了，想要放弃，不妨回想一下：我刚开始创业是为了什么?

2. 放弃和永不放弃

对于创业路上要坚持、永不放弃这件事，马云恐怕最有发言权。

2007 年，马云接受媒体采访时曾经这样表示，他总是这样想，今天很痛苦，明天更痛苦，后天很美好。但绝大多数的人会死在“明天晚上”。坚持、撑下去，随时准备明天会有更倒霉的事发生，那便可能看到后天的太阳了。

靠着这句话创业成功的，除了马云，还有58同城的姚劲波。

姚劲波的创业梦想源于他“北漂”租房被骗的经历。在创业之初，很多人并不看好姚劲波的选择——做这种“不入流”的生意，你怎么能赚到钱呢？这是朋友对他的“忠告”。但是，姚劲波却坚定地认为，58同城将成为一个很大的公司。

但是，创业之路总是充满艰辛。虽然姚劲波凭借自己之前在投资圈的人脉和口碑，很快就拿到了500万元的风险投资，但这依然不足以支撑起他的梦想。因为没有找到更好的商业模式，姚劲波不得不放弃线上的发展，转而创办了DM[①]杂志——《生活圈》。不幸的是，《生活圈》在烧掉了姚劲波的4000万元之后，还是失败了。经过这一次，姚劲波决定专注于线上。

2008年，姚劲波依然没有摸索出58同城的盈利模式，公司还在继续“烧钱”。姚劲波甚至不得不从家里拿出几十万元给员工发工资。但即使在这样的情况下，姚劲波依然相信：坚持下去，一定会好起来的。

2009年，58同城才慢慢摸索出了自己的盈利模式，但姚劲波又开始面对新的困境——向那些隐藏在各个大小城市角落的中介公司、搬家公司、装修公司等，推介58同城的业务，并且教他们上网，让他们把线下的业务搬到58同城上。这个过程是艰苦的，但姚劲波带领58同城的团队，坚持下来了。

2013年10月31日，58同城正式登陆美国纽约证券交易所挂牌交易，市值约16亿美元。就在58同城上市当天，姚劲波的个人身家为3.1亿美元。

上苍不会亏待任何一个在痛苦和磨难中依然坚守梦想的人。对梦想的坚持、对价值观的坚持、对使命的坚持，能够使创业者走上最终的领奖

① 英文Direct Mail Advertising的简称，即直接邮递广告，也称直邮广告，是指通过邮政系统将广告直接送给广告受众的广告形式。

台。但是，这份永不言弃的坚持里，同样要有对另外一些东西的舍弃，因为，有舍才有得。对于不正确的事、不正确方向的过分坚持，反而会成为成功路上最大的阻拦。

这也就是我们一直在强调的匠人精神所追求的精、专。创业者在想清楚自己的梦想，确定自己该做什么之后，就要对现有的一些资源、方向进行取舍，然后才能专注于一个点去发力。创业到了一定阶段，尤其是取得了一些成绩之后，各种各样的诱惑就来了，这个时候更要懂得取舍。可能这句话很多创业者都懂，但真正到了关键时刻，却极少有人能够做出正确的决定。

那些最终取得成功的创业者，都是在每一个关键时刻坚定地放弃了该放弃的、坚持了该坚持的。在马云的创业之路上，舍弃了短信业务、游戏业务、房地产投资等这些看似很赚钱的生意，却坚持于淘宝、支付宝、天猫等电子商务领域产业。正是这样的放弃和永不放弃，成就了今天的阿里巴巴，成就了今天的马云。

有些创业者总是感叹：创业总是碰壁，太难了，根本没办法成功。不妨反思一下，问问自己：我是否一心只想得到，却从未考虑过舍弃？只有敢于舍弃、精通舍弃的人，才能得到更多！当然，舍弃是为了更好地得到，暂时的放弃是为了永不放弃。能够“慎终如始”的创业者，无论遇到什么样的困难，都将坚持最初的梦想，始终不渝。

·创业修炼·

俞敏洪认为，人的一生是奋斗的一生，但是有的人一生过得很伟大，有的人一生过得很琐碎。如果我们有一个伟大的理想，有一颗善良的心，我们一定能把很多琐碎的日子堆砌起来，变成一个伟大的生命。但是如果你每天庸庸碌碌、没有理想，从此停止进步，那未来你一辈子的日子堆积起来将永远是一堆琐碎。

不管你的梦想是什么，不管实现梦想的路程有多么艰难，只要你踏上了追寻梦想的旅途，就不应该再考虑“放弃梦想”这件事，而是要坚持下去。只要活着，就有实现梦想的机会。

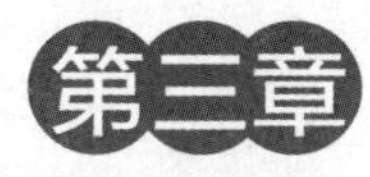

第三章 产品：螺丝钉也要做到极致

产品是创业的目标和方向，也是决定创业成败的重要因素。很多创业者虽然知道产品的重要性，却并不认为一定要把产品做到极致。事实上，在当下“产能过剩”的时代，几乎再也没有随便做一款产品就能迅速占领市场的机会。能够赢得目标客户青睐的唯一办法，就是证明你的产品比其他人的都要好。

一、极致产品成就极致事业

调查资料显示，世界上成长最快的公司都有一个共同点：产品做到了极致。无论是跨国公司苹果的前任掌舵人乔布斯，还是我国本土企业家马化腾、周鸿祎、雷军等，他们都把自己定位为公司最大的产品经理。李彦宏也说，他花三分之一的时间抓产品和技术。这些都说明，一个成功的创业者离不开好的产品，要想创业成功，就要把产品做到极致。

雷军给“极致”的定义是，极致就是做到你能做到的最好，极致就是做到别人达不到的高度。也就是说，如果你想把产品做到极致，首先的一个衡量标准就是做到别人无法做到的地步，即便是模仿。就像一句广告词说的那样：一直被模仿，从未被超越。

那么，如何才能把产品做到极致呢？这需要几个先决条件。

1. 要对产品狂热

“狂热”是指极度的热情。我们都知道，任何一个产品的研发都需要大量的时间和精力，研发的过程中还可能出现迷茫、挫折和失败。在追求产品极致的过程中，挫折和失败就更容易出现，一旦无法战胜这些挫折和失败，别说将产品做到极致，就连产品能否面世都很难保证。有这么一句话：“人最先衰老的不是容貌，而是闯劲。”这句话中所提到的闯劲就来自热情。在战胜追求产品极致过程中出现的挫折和失败方面，最重要的因素就是热情，即创业者对产品的狂热。

现在很多创业者都习惯于追热点，别人做什么产品，他也做什么产品，如果产品的质量比不上别人，就把价格拉下来。也就是说，产品是不是和自己的能力相关不重要，产品能不能超越别人也不重要，他本身对产品就没有热情。对于这样的创业者，最后的结局只有一个——失败。在这个产品为王的时代，纵观那些成功的企业家，哪一个不是对产品充满了狂热。比如，乔布斯为了将苹果手机变薄0.5毫米，不惜付出几千万美元的代价。

美国微软公司人事任用制度中有这么一点：无论招聘的是行政人员还是科研人员、是管理层还是普通员工，都要秉承一项原则，那就是“要有足够的热情”。这一点是微软公司的产品一直保持强大竞争力的重要原因。

苹果公司上任掌舵人乔布斯就是一个典型的产品狂热型创业者，他不仅自己用生命热爱产品，也要求团队对产品要保持本能的热情。

有这样一个小故事：在MAC（苹果电脑，以下简称MAC）诞生之初，乔布斯准备为自己的MAC团队招兵买马。在正常面试的基础上，乔布斯额外增加了一项面试内容——他把即将面世的MAC样机用一块布盖着放在一个房间的桌子上。在对应聘者进行完初试以后，他把符合条件的应聘者单独带到这个放置MAC样机的房间。然后，乔布斯当着应聘者的面把即将面世的MAC样机上面的布缓缓地揭开。在揭开的过程中，乔布斯会仔细观察每一个应聘者对MAC样机的反应。那些表现比较平淡、热情度不高的应聘者都被打发走了，而遇到那些见到MAC样机就两眼放光、恨不得立即拿起鼠标开始操作，甚至爱不释手的应聘者，乔布斯则会微笑着把雇用合同递上去。

《论语》中有这样一句话：“知之者不如好之者。”[①] 这句话明确概括了热情的重要性。

① 指对于学问和学业，知道它的人不如爱好它的人。

2. 从用户体验出发

ISO（国际标准化组织简称）将用户体验定义为：“消费者对使用或者期望使用的产品、服务的认知印象和回应。”也就是说，用户体验是产品是否能满足消费者的需求，消费者在使用产品的时候是否好用、是否方便，产品能给消费者解决什么问题。也可以说是消费者使用产品以后的感受，包括情感、喜好、认知印象、行为等或物质或精神上的反馈。

用户体验要求产品的研发人员要站在用户的角度看问题。只有满足了用户某些方面的需求，才能体现出产品的价值，也只有在不断完善用户需求的过程中，产品才能做到极致。假如你是一名造型师，帮助顾客设计了一个非常时髦的发型，且和某明星造型相似，但是顾客的亲戚朋友看到后却说发型使该顾客的脸显得更大、更胖。试问一下，这名顾客还会因为你把她的发型设计得和某明星一样而对你有好感吗？答案肯定是否定的。因为，顾客在日常的生活中并没有因为你的时髦设计而收到想要的效果。

日本 Hard Lock 工业创始人若林克彦在发明防松螺帽的时候，就是从用户体验出发，最终找到了成功之路。当时，他从一家阀门厂辞职以后，决定自己创业，但是，他却不知道选择哪一款产品。一个偶然的机会，他在国际货样市场买到了防松螺帽的样品，虽然这款防松螺帽的价格是普通螺帽的 10 倍，但仍有许多可改良的余地。于是，他通过反复的试验，发明了 U 形螺帽，并对外宣称自己的产品耐振、绝不松动。

但是，当 U 形螺帽大量销售出去的时候，问题也随之出现了，当它被用在持续强烈振动的机器上时，也出现了松动的现象。

收到这样的用户体验反馈后，若林克彦陷入了困境之中：既然 U 形螺帽出现了松动，就说明它还不能称为绝不松动的螺帽。

若林克彦再次进行了大量的试验，对一些可能的想法进行反复尝试。最终，在 1974 年，Hard Lock 研发成功，实现了用户所期望的无论如何都不会松动、多次装卸螺帽也不会出现磨损的极致产品。

3. 产品要创新

产品创新是指改善或创造产品，进一步满足顾客需求或开辟新的市场。随着社会的发展，人们对产品的需求也在不断地发生着变化。比如，十几年前，手机的主要功能是接打电话、发短信。而随着互联网的高速发展，现在纯粹接打电话、发短信的手机已经被市场淘汰，取而代之的是功能更强大的智能手机。它不仅可以接打电话、发短信，还可以看书、购物、玩游戏、看视频，甚至可以办公……

现在，无数人在创业，但遗憾的是大多数的创业者都是以失败告终的。究其原因，主要在于他们的产品太烂。市场上有着上百款的手机，而为什么苹果却能风靡全球？从苹果手机的发展历史可以看出，它之所以能风靡全球，是苹果公司不断追求产品创新的结果。

4. 产品要标准化

产品标准化是指产品或零件的类型、性能、规格、质量、所用原料、工艺装备以及检验方法等都要使用统一标准，并贯彻于产品的整个生产过程。古人说："不以规矩，不能成方圆。"① 这里所说的规矩就是一个标准。

众所周知，苹果公司自己没有生产过一台 iPhone（苹果智能手机）或 iPad（苹果平板电脑），它的所有产品都是通过 OEM② 生产加工的。但是，苹果的产品却能够做到外观、性能等高度统一，这就是产品标准化在发挥作用。也正是由于苹果公司有着一整套的标准，才能有效地监控 OEM 生产出来的每一个产品都能达到极致产品的要求。

其实，产品要标准化就等于是确立一个衡量产品的标尺。如果按照这个标尺生产，产品就能实现研发价值最大化。可以试想一下，假如一个产品没有标准会怎么样。比如，三个人拿着三台苹果手机，第一个人的手机

---

① 出自战国・邹・孟轲《孟子・离娄上》。形容没有规矩，就不会有规整的方圆。
② 原始设备制造商。OEM 生产也称为定点生产，俗称代工（生产）。

装的是 IOS 系统①，第二个人的手机装的是 Android 系统②，第三个人的手机机身粗糙不堪，那么，苹果产品会给你留下什么样的印象？如果苹果公司没有产品标准，你还会选择苹果手机吗？苹果手机还能成为无法超越的时代传奇吗？

5. 精益求精的态度

精益求精是匠人精神的核心。精益求精是一种追求完美的态度。一个产品，只有在不断追求完美的过程中才能做到完美，才能做到极致。可以说，精益求精是看待事物好坏的一种标尺。

日本五大综合建设公司之一的大林组在建设集商务、住宿、停车场为一体的多功能大厦“表参道之丘”的时候，是与日本著名建筑专家安藤忠雄合作。在工程验收的时候，大林组的施工人员对安藤忠雄说：“全长 280 米，分毫不差。”就这样，大林组的施工完全按照设计图纸的要求，没有丝毫的偏差。

由此可见，一款极致产品既需要有一支对产品狂热、精益求精、富有创新精神的研发团队，又需要一套极致的执行标准。

·创业修炼·

在这个产品为“王”的时代，极致产品永远是市场的宠儿，把产品做到极致的创业者将会是市场中最有竞争力的人。

极致产品的背后是极大的投入，是根据用户体验不断地创新、千锤百炼才做出来的。在追求极致的路上，静下心来等一等，问问自己：我能为产品做到极致付出什么？时间？金钱？耐心？毅力？

极致就如幸福一样，是一种满足的感觉，做到你认为能做到最好的。

① IOS 系统：苹果移动设备操作系统。

② Android 系统：安卓系统。

事物没有绝对的完美，也没有绝对的极致，把产品做到极致就是做出产品的差异化，做出别人做不到的东西。

二、质量不好的产品绝不进市场

互联网高速发展的今天，很多创业者都犯了一个致命的错误：重营销，轻产品。很多创业者一味地把失败归结为没有营销、没有资本、没有关系、没有平台、没有机遇。他们把一贯的注意力放在了“酒香也怕巷子深”的“巷子深”上面，认为再好的产品如果没有营销是不会被人知道的。但是，这些把注意力放在“巷子深”上面的创业者有没有反思一下自己，你真的有“酒香”的产品吗？作为一个创业者，如果你不把产品放在最重要的位置，试想一下，你凭什么可以在竞争如此激烈的市场中存活下去？你连存活都做不到，又哪来的发展？

一个匠人不一定能够成为一个企业家，但是，一个伟大的企业家绝对是一名匠人。因为对于匠人来说，工作做得好坏，和自己的人格荣辱直接相关，把一件不完美的产品交到客户的手中是他们的耻辱。所以，一个创业者要想成为一名伟大的企业家，首先就要把产品放在最重要的位置，要像匠人一样，对社会和消费者心怀责任和道义，质量不好的产品绝不进市场。

1. 褚时健：品质不好，再大的人情也会凉

对于创业者来说，在创业前期，产品的质量难免会出现大大小小的问题。对于一些大的问题，创业者通常会想办法克服；而对于一些小的问题，由于资金等问题很多创业者就会睁一只眼闭一只眼，有的甚至会把质量不好的产品掺杂到质量好的产品里面一起销售出去。对于这样的创业者，我们无法预料他的前景会如何。但是，从褚橙的成功，我们可以看到，对产品的高质量要求是成功的唯一法宝。有评论说，褚时健的事业是坎坷的，但也是成功的。他用一生做了三款产品：红糖、烟草和橙子，但

对每一款产品的质量他都严格要求、做到极致。

褚时健曾说，不管做哪样产品，首先就是质量，不管是农业的、工业的，产品都要过硬！产品过不过硬，光凭质检那还不行，要让大家亲自品尝，大家觉得口感好才算真的好。

褚时健是一个对产品质量非常较真的人，即使是购买肥料也要亲自把关。在购买鸡粪的时候，他会观察鸡粪的水分、杂质，甚至有的时候还要拿到手上捻一捻、凑到眼前看一看。

褚时健对种橙子的要求也非常苛刻，他会规定一棵树上挂多少个果子，一旦果子过多就必须提前摘掉。对于提前成熟落到地上的果子，他是不会拿出去卖的，而是任它们在地上腐烂。

《褚时健传》里记载了这样一个小故事：褚橙的一位客户对于自然落地的果子不准卖非常好奇。这位客户作为一个职业买手知道，果树在临近采摘期时的自然落果属于自然现象。附近的农户一般都会把自然落果捡起来以比较便宜的价格拿到摊位上去卖，毕竟也是一份收益。但是，褚橙基地的自然落果却是被坚决禁止买卖的。这位客户就想，难道褚橙基地的自然落果和别的农户的自然落果不同？

于是，他就从褚橙的果园里捡起一个自然落果和周边其他农户那儿购买的几个同样品种的橙子做比较。结果发现，即使是褚橙果园的自然落果，也比周边农户和超市里卖的商品果口感好得多。

这位客户就更加纳闷了，就问褚时健为什么要禁止自然落果拿出去卖？如果拿出去卖，也应该比周边农户的好卖啊？

褚时健表示，这就好比你请客吃饭，如果味道不好，吃一次、两次，人家可能卖你面子，但请个六七次，人家肯定就不来了。橙子也是一样，品质不好，再大的人情也会凉。

这就是褚时健打造产品永不止步的工匠精神，是对产品的一种使命感和对社会的一种道德感，质量不好的橙子宁愿烂掉也绝不拿到市场上去卖。同样，这也是褚橙能卖到将近二十元一斤，而且还销量非常大的原因所在。

2. 张瑞敏：责任无边界

海尔集团张瑞敏曾说，在新经济时代，什么是克敌制胜的法宝？第一是质量，第二是质量，第三还是质量。他还说，有缺陷的产品等于废品。

在张瑞敏眼里，产品质量问题是责任问题，产品质量好了就是对企业负责、对社会负责，把不好的产品卖给消费者就是对企业不负责、对社会不负责。他对产品的要求是：高标准、精细化、零缺陷。

1985 年的一天，时任青岛海尔电冰箱总厂厂长的张瑞敏收到一封用户反映海尔冰箱有质量问题的投诉信。

于是，他就带领管理人员赶到仓库，把库存的 400 多台冰箱全部做了检查。检查之后，他发现有 76 台冰箱出现刮痕等各种各样的瑕疵。张瑞敏非常恼火地找到检查部的管理人员责问出现这种问题该如何解决。

当时，那些管理人员认为这只是一些小瑕疵，并不影响冰箱的使用，以前出现这种情况都是内部处理，建议张瑞敏将这些冰箱低价内部处理卖给员工使用。

张瑞敏当时就拒绝了这种解决方法。他说，如果这样的话，就是说以后还允许再生产这样的不合格产品。随后，他要求检查部门在全厂办了一个劣质产品展览会，在展览会上摆出那些劣质零部件和那 76 台不合格冰箱，通知全厂职工都来参观。

在全厂职工参观完以后，他当着众人的面抡起一把大锤当场把其中的一台冰箱砸得稀巴烂。然后，他把大锤交给责任人，要求他们把剩下的不合格冰箱也砸了。

当时在场的每一个人都非常心痛，一台冰箱可是相当于他们两年的奖金。张瑞敏当场宣布，有缺陷的产品就是废品，从今以后海尔的产品不分一、二、三等品，海尔的产品只分为合格品和非合格品。市场只允许出现合格品，如果发现市场再次出现非合格品，就要追究生产者的责任。

从此以后，高标准、精细化、零缺陷的产品理念在海尔人的观念中生根发芽。这也为海尔后来做到全国第一，获得中国电冰箱市场的第一枚金牌埋下了种子。

褚橙的自然落果不准出售和海尔砸不合格冰箱的举动都是一个匠人追求产品极致以及对社会的责任感和道德感的体现。同时，他们的创业成功也告诉现在的创业者们，产品质量才是企业的生命，只有做到不让质量不好的产品流入市场，市场才会敞开胸怀接纳你、让你赢得更多的市场份额。

·创业修炼·

华硕中国总经理徐世明说，质量是产品的生命，产品质量是企业发展的基石。全世界没有一个质量差，光靠价格便宜的产品能够长久地存活下来。

质量不仅仅是产品的属性，也是创业者责任的体现。一个不追求质量第一的企业，不仅是对消费者的不负责任，也是对企业自身和社会的不负责任。

俗话说："三流的企业卖产品，二流的企业卖品牌，一流的企业卖标准。"创业者要将"质量不好的产品绝不进市场"这一理念融入产品质量管理体系中去，且要使之成为一种标准。决定客户需求的不仅仅是价格，更重要的决定因素是优良的产品质量。

产品的质量不是一个员工、一个部门的事，更是创业者的事。只有创业者重视质量、带头狠抓质量工作，产品质量才会被整个企业所重视。

三、匠人之心：对细节的关注

俗话说："泰山不拒细壤，故能成其高；江海不择细流，故能就其深。”一辆汽车缺少任何一个零件都会埋下事故的隐患，一座大厦缺少任何一块砖瓦都有坍塌的危险。细节可以成就一个产品，细节也可以毁了一个企业。所以，创业者要拥有匠人之心，产品要从细节出发才能做到极致。

1. 细节决定创业成败

“细节决定成败。”这句话已经不是一句口号，而是关乎产品甚至企业生死存亡的大事。“千里之堤，溃于蚁穴”，由于细节的失误而导致失败的案例自古以来比比皆是。

英国有一首民谣：少了一枚铁钉，掉了一只马掌，掉了一只马掌，丢了一匹战马，丢了一匹战马，败了一场战役，败了一场战役，丢了一个国家。

这个故事发生在英国理查三世[①]时期。当时，理查三世面临着一场生死存亡的战争，他决定与亨利伯爵决一死战，以此来决定谁是古英格兰王位新的得主。战斗开始之前，理查三世命人给自己最喜爱的战马钉上马掌以迎接下场战斗。

马夫找到了铁匠，让铁匠帮助国王把马掌打上。但是，当铁匠打到第四个马掌的时候，发现自己的店铺里还缺少一枚铁钉才能把马掌打得牢固。当时由于战况紧急，战斗也即将开始，理查三世也就没有在意这一枚钉子的事。

在战场上，正当理查三世率领士兵奋勇杀敌之际，他的战马由于其中的一只马掌缺少一枚钉子、不牢固而脱落了。正在突杀之中的战马，仰身栽倒在地，理查三世也随着战马摔在了战场上，而后惊恐的战马脱缰而去。

士兵们看到国王倒在战场上，士气大衰，纷纷掉头逃窜，军队也

---

① 理查三世：英格兰国王，1483—1485 年在位。

在一瞬间土崩瓦解。亨利伯爵的军队趁机俘虏了理查三世，江山至此易主。

上述案例就是英国历史上著名的博斯沃思战役中的一个小故事。正是因为理查三世没有注意到细节，才使得战役失败、江山易主。

而像这种由于不注重细节而导致失败的案例，在现代也有很多。比如美国哥伦比亚号航天飞机飞行16天后，由于在返回之前没有发现外挂燃料箱隔热泡沫脱落而导致防热瓦上被砸出一个小洞的细节，在进行着陆时，与大气层摩擦产生的巨大热量通过这一小洞，最终引发七名宇航员丧生、机毁人亡的悲剧。

在我国，特别是近年来创业大热，由于不注重产品细节而导致创业失败的案例同样不在少数。

广东有一家新型的冷冻食品创业型企业，由于创始人有欧洲国家的客户资源，在很短的时间内迅速做大。

有一天，这家企业接到了一份退货申请，并收到了终止合作协议，合作方声称其产品出现质量问题。

因为关系到生死存亡，企业非常重视这个问题，就马上派遣了一个专业团队和合作方进行协商，希望找到问题的原因以及处理方法。

最后，他们在那批产品里发现了一些不该存在的化学元素。这家企业立刻对这件事情的原因进行调查。最后发现，这是由于一名工人在工作时不小心碰破了手指，他临时用化学药品处理了一下就回到岗位继续工作。那些产品里面检测出的化学元素就是这名员工受伤时所用的化学药品残留物。

其实，无论是生活中还是工作中，细节往往决定着一件事情发展的最终走向。假如理查三世的战马没有因少一个铁钉而致马掌脱落，最起码他不会被摔在地上，导致连逃跑的希望都丧失了。假如广东这家企业的员工在碰破手指后，处理伤口的时候稍微注意一下，就不会收到合作方终止合作的协议。

所以，细节无论是对于一个国家、一个民族，还是对于一个企业来说，都是至关重要的。对于创业者来说，细节更是关乎着生死存亡的大事，注重细节可以成就一个伟大的企业家，不重视细节就可能成为创业的失败者。

2. 用心发现，认真对待

细节往往因其“小”而容易被人忽视、掉以轻心；因其“细”，常常使人感到烦琐、不屑一顾。细节常常在人们的熟视无睹中被隐没，所以需要创业者用心去发现、认真对待。

稻盛和夫曾说，要手拿放大镜仔细观察产品，要用耳朵倾听产品的“哭泣声”。当找到了不合格的产品，就像是找到了正在哭泣的孩子，这时就要去想，这孩子什么地方疼痛才会哭泣呢？它哪里受伤了呢？只要将一个个产品完全当作自己的孩子，满怀感情地细心观察，必然就会获得如何解决问题、如何提高制成率的启示。

（1）勿以善小而不为。

用心发现，注重于心。“心”讲的是一种态度，是对待事物的一个衡量标准。很多人以李白“天生我材必有用，千金散尽还复来”的豪迈来粉饰自己浮躁的心理。特别是一些年轻的创业者，心怀雄心壮志，认为做大事者不拘小节，总想着一口吃成个胖子。只能说，这些空想家，到最后必然会被自己的空想所淹没。

老子说：“天下大事，必作于细。”也就是说，任何一件大事的成功都离不开“从小事做起”。特别是创业者，要静下心来、脚踏实地、一步一个脚印才能走得安稳、达到最终的目的地。

全球化工业前50名的台塑集团创始人王永庆，在创业初期只是一个小小的米贩，他的米店是嘉义镇中位置最偏僻、规模最小、开业最晚的一个铺面。但是，他就是靠着从小事做起、从细节出发，一步步地成为成功的企业家。

米店开张的那段日子，由于竞争比较激烈，也没有什么市场占有率，王永庆的生意冷冷清清，可谓是门可罗雀，一时间很难打开销路。

这时，王永庆发现了一个细节，因为当时中国台湾还处于手工作业状态，大米的加工技术比较落后，农民生产出来的大米大多数都掺杂着小石子和秕糠。发现这一细节之后，王永庆决定从每一粒米上打开销量的突破口。他找来两个弟弟，和他们一起动手把大米中的小石子和秕糠一点点地挑出来，然后再拿出来售卖。渐渐地，整个小镇的人都知道了他的米中杂质少，不用怎么淘就可以直接拿来煮饭，他的生意因此慢慢有了起色。

同时，在经营米店的时候，他发现来买米的顾客大部分都是家庭主妇，而且以老年人居多。这些家庭主妇由于年龄和身体的原因，每次购买大米的数量比较少。王永庆注意到这个细节之后，决定采取送米上门的方式来服务顾客。在送米的时候，王永庆还会帮助顾客把米倒进米缸里，并且他还会详细地记录每一家米缸的容量大小、家里人口详情以及饭量如何。掌握了这些细节，不等顾客上门，他就主动把米送到顾客的家里，这样既省去了顾客的时间也增加了自己的销量、留住了顾客。

从此以后，王永庆的知名度越来越大，米店生意日渐红火，销量提上来了，生意也就越做越大。经过一段时间，王永庆积累了一定的客户和资金后，开办了自己的碾米厂。

王永庆就是因为发现了别人没有发现或者认为微不足道的产品细节并付诸行动，以“勿以善小而不为”的心态，用心发现细节，从细节出发，最终成就了事业。

（2）勿以“恶”小而为之。

“认真对待”讲的是一种心理，也是一种准则。我们发现细节之后不能认为它是微不足道的，并以一种消极的态度来对待。对于创业者来说，对于任何有可能危害到自己事业发展的细节都要认真对待，一旦发现绝对不能忽视，要尽最大的努力、想尽一切办法把有可能带来的危害扼杀在摇篮之中。对于一个细节的重视，有可能成就一个伟大公司；而忽略一连串的细节，必然会毁掉一个伟大的公司。

我们都知道“千里之堤，溃于蚁穴”的故事，堤坝被洪水冲毁就是因为发现了细节但是没有认真对待而发生的。

某临近黄河岸畔的一片村庄，农民们为了防止黄河水患筑起了长堤。一天，一位巡视的老农偶然发现长堤之上蚂蚁窝猛增了许多。老农发现这一个细节后，害怕这些蚁穴危害长堤的安全，准备回村里报告以采取补救措施。老农在回去的路上遇到了自己的儿子，他就把这件事情告诉了儿子。但是，儿子听后却不以为然，告诉老农：“那么坚固的长堤，小小的蚂蚁不可能危害到它的安全。”然后，儿子就拉着老农一起下田干活去了。

谁曾想到，当天晚上就下起了暴雨，风雨交加，黄河里的水位迅速地涨了起来。咆哮的河水从小小的蚂蚁窝逐渐地渗透，从小口子到大口子，继而喷射，一座坚固的大堤毁于一旦，附近村庄也成了一片汪洋。

“合抱之木，生于毫末；九层之台，起于累土；千里之行，始于足下。”① 任何一次成功都离不开细节的铺垫，在创业者的世界里，细节往往比资本和能力更加重要。

·创业修炼·

细节不是“细枝末节”，而是用心，是一种认真的态度和科学的精神。创业者只有用心才能发现细节、认真对待细节，才能把细节融入产品的生命中去、创造出极致的产品。

考虑细节、注重细节的人，不仅认真对待工作，能将小事做细，而且能在做事的细节中找到机会，从而使自己走向成功之路。一个注重细节的创业者必然会走向成功。

---

① 出自老子《道德经·第六十四章》。

播种行为，收获习惯；播种习惯，收获性格；播种性格，收获命运。创业者要养成关注细节、重视细节的习惯。只有养成了注重细节的习惯，才能收获成功的喜悦。

四、客户需求是钻研产品的唯一理由

产品是提供给消费者使用并能满足消费者某种需求的物品、服务或者二者的组合，它是满足消费者需求的载体。也就是说，无论是提供给消费者有形的物品还是无形的服务，产品最终的目的是给消费者提供某些方面的便利、满足其某种需求。

从产品的定义可以看出，产品的存在就是为了满足消费者的某种需求。比如，食品是为了满足人们吃的需求，衣服是为了满足人们穿的需求，房子是为了满足人们住的需求，车子是为了满足人们行的需求……当然还有一些产品是为了满足消费者精神层次的需求。

但是，不是说随便研发一个产品就能在市场上销售得很好。市场上每天都会有无数的产品诞生，也会有无数的产品陨落，很多商品根本卖不出去或者卖着卖着就滞销了。其根本原因就是创业者在研发产品、对产品升级的过程中没有把握住客户的需求。比如，你所在的市场常年气温在25℃以上，目标客户需要的是春装或者夏装，你却要研发一款非常时尚的羽绒服，那么这个产品能满足消费者的需求、能卖得掉吗？

克莱顿·克里斯坦森说，六成的新品在上市之前就夭折了。在剩下的得见天日的四成产品中，40%无利可图，从市场上撤下。产品的同质化、供大于求这些直接的表现形态告诉我们，现代市场已经由技术、产品导向进入了以客户为导向的时代。过去的以“我”为中心的产品研发已经转换成以“客户”为中心，客户的需求直接影响到产品的存亡。

曾经以“会跳舞的火腿肠”红极一时的春都火腿肠，现在已经沦落到在市场上消失的结局。究其原因，就是因为春都没有把消费者的需求放在首位。

1987 年，春都生产出了第一根火腿肠，到了 1988 年，春都已经赢得了一定的知名度，并迅速在全国市场走红。当时，春都把产品的配方定为85%的精瘦肉和15%的淀粉。

但是，“郑荣”“双汇”等火腿肠品牌的加入，使这一行业的利润越来越低。春都为了在市场中生存下去，没有从客户需求的角度出发，一味地降低火腿肠质量，把以前精瘦肉85%和淀粉15%的配料比，逐渐地降低到精瘦肉15%和淀粉85%的配料比，想既能赢得价格优势又保证利润不变。

这种欺骗客户、期望以牺牲客户利益来获取企业利润的做法直接导致了春都从原来70%的市场占有率一路狂跌到10%，直至在市场上完全消失。

春都火腿肠就是因为在研发、创新产品的时候，没有把客户想要吃“肉”的需求作为产品研发的出发点，导致了产品被消费者抛弃，最终以亏损6.7亿元、欠债13亿元的结局惨淡离场。

全球最大的听力解决方案供应商瑞士SONOVA集团首席执行官Lukas Braunschweiler在接受《经济参考报》采访时表示，以客户需求为导向的创新一直是引领公司发展的基石。在中国，SONOVA不断致力于开发符合中国客户需求的产品。也正是把客户需求作为产品研发的基础，才使得SONOVA集团赢得了全球50%以上儿童助听器的市场份额。

> 2014年6月，SONOVA集团根据中国市场客户降低噪声和中文语言处理的需求研发的经济型助听器“Baseo Q桑巴梦”和“Tao Q探戈梦”助听器，一经推出就受到了客户的一致好评。
>
> 据介绍，SONOVA为了推出这两款产品，召集了瑞士和中国地区多名听力专家、技术专家、交互软件设计师以及工程专家组成调研团队，在不到两年的时间内，访问了众多听力障碍治疗专业人士以及听力障碍产品的用户。
>
> 就是在这么多调研数据的支持下，SONOVA集团发现，中国的公共场所噪声过高，用户对现有的助听器的防噪功能有着迫切的需求。同时，由于中文和英文的发音存在差异，现有的助听器的交换功能不

能很好地满足客户需求。SONOVA 的科研人员从客户这两点需求出发，对中国定制产品进行了降噪和音质的重新设计，使得中国客户的用户体验更加完美。

团队成员介绍，该款助听器最为显著的特点就是具有噪声阻挡以及独创的中文语言处理等功能，这是专门针对中国听力保健市场和中国用户的真正需求而开发的。

SONOVA 研发的全球第一款也是唯一一款防水的人工耳蜗梳子声音处理器也是从客户的需求出发，解决了听力障碍用户在游泳、洗澡时不能与人沟通的问题。

从以上两个案例可以看出，产品只有满足客户需求才能得到消费者市场的认可，才能在同质化、产能过剩的市场竞争环境中得以生存。

想到别人没有想到的，你就赢了第一步；做到别人想到的，你就赢了第二步；赢了别人渴望的，你就成了真正的赢家。要想成为一个成功的创业者，产品就应该是“赢得别人渴望的”，这个“别人渴望的”，就是客户的需求。

1. 从细分市场的发展趋势中寻求客户需求

对于一个创业型公司来说，一般情况下客户基础是弱项，对客户需求的把握只能通过市场上使用相关产品的客户来分析。创业型公司在调研客户需求的时候，首先要把市场进行细分，找出自己产品的定位，进而通过定位市场中相关产品的消费趋势变化来决定产品研发的方向。

从细分市场的发展趋势中寻求客户需求，与了解客户需求的其他方式相比较，既省时又省力。比如，你想研发一款畅销的零食，只需要到批发市场调研一下，以前哪款零食好卖，现在又是哪些口味的零食好卖。通过近些年的各个零食种类的销量就可以大概了解到客户需求以及需求变化。

2. 用户调研，从遗憾中了解客户需求

用户是产品的直接使用者，他们在使用过程中的体验会直接影响到产

品的未来发展。所以，创业者无论是开发新产品还是升级老产品，都需要抓住一个宗旨，那就是产品的研发或者创新都是为了满足用户的更多需求、弥补用户在使用之前产品某些方面的缺憾。

那么，创业者在对产品进行研发之前就需要了解自己的产品或者市场已经存在的类似产品还存在哪些方面的缺陷，用户用过产品以后还有哪些遗憾，或者说用户还希望产品增加哪些功能等。然后，创业者就可以从调研的数据中找到大多数客户的需求点，再根据自己的实际情况着手产品的研发与创新。这样，研发出来的产品才能走得更远。

在最初研发 360 杀毒软件时，杀毒行业可以说已经饱和，瑞星、金山、江民等老牌杀毒软件已经占据了大部分的市场份额。但是，360 杀毒软件却后来居上，它的出现使得杀毒软件市场进行了一场大洗牌。

当时，创始人周鸿炜了解到，瑞星、金山、江民等杀毒软件虽然已经走进了千家万户，但是用户在使用这些软件的时候很太麻烦、还要收费，有时还不知道怎么使用。杀毒软件能不收费、使用起来再简单点，成为杀毒软件产品用户评价的主流声音。

从用户使用瑞星、金山、江民等杀毒软件的反馈中，周鸿炜找到了研发产品的方向，免费、操作简单的 360 免费杀毒软件应运而生。有数据显示，截至 2015 年，360 杀毒软件的 PC 端用户量已经超过了 5 亿人次，移动端用户量将近 7 亿人次。

3. 放大客户痛点、寻找市场空白点，创造需求

客户的需求往往会被习惯、懒惰、漠视所掩藏，所以客户的需求并不是能够从表面就看出来或者被客户主动提出来的，而是需要创业者去挖掘、创造。创造需求，需要创业者“慧眼如炬”，如孙悟空一样炼就“火眼金睛”，找到客户的痛点所在，再针对痛点研发产品。比如，“滴滴出行”就是瞄准了城市居民出行打车难的痛点，研发出了利用互联网技术进行打车的平台。

市场的空白点相对于客户痛点来说更加重要。谁抓住了市场的空白

点，谁就有可能成为行业的第一，成为市场最大份额的占有者。从心理学角度来说，人们对第一接受的事物印象最为深刻，一旦接受就会非常忠诚，如果客观环境没有改变，客户对第一接受的事物的印象也很难改变。比如，现在奶茶市场以“香飘飘”为主导，但就是因为“香飘飘”是中国第一个奶茶生产商，很多的消费者提到奶茶第一个想到的还是“香飘飘”。

创业者要想使自己研发的产品赢得客户的认可，在市场上占有一席之地，在产品研发的时候必须要明白客户有哪些需求，自己研发的产品能够满足客户哪些方面的需求。只有这样，创业者的产品研发才会有方向，才能研发出目标客户认可的产品。

·创业修炼·

YC联合创始人保罗·格雷厄姆（Paul Graham）说，如果你不知道哪些用户最迫切地需要你的产品，就别去做计划。

抓不住客户需求是创业者最常见的错误，也是创业失败的最大原因之一。创业者最重要的工作就是找到产品的客户需求在哪里，而且还要有力图“极致实现客户需求”的追求。

创业者要想抓住真实的客户需求，就要从客户的行为出发。行为是人们内心活动的外在体现，一个人的行为最能体现他内心的真实需求。

成功的创业者不仅能够看到客户现实中的需求，还能看到他们未来生活中的需求，并能通过产品弥补未来和现实之间的差距。

五、创新让产品拥有永久生命力

市场没有永远畅销的产品，产品是为了满足消费者的需求而产生的，而消费者的需求又会随着时代的变化而改变。对于创业者来说，产品能够满足当下消费者的需求就会有生存的机会，产品能够满足未来消费者的需求就拥有了发展的潜力，产品能够持续不断地创新以满足各个不同阶段的消费者的需求就拥有了永久的生命力。

企业的生命是以产品为载体的，一个产品能否满足消费者的需求是这个企业存在的唯一价值体现。对于一个创业型企业来说，若市场已经存在同类竞争产品，而你的产品和竞品的价值相同，那么消费者没有必要“移情别恋”。

1. 创新是产品生存的前提条件

创业者要想在市场占有一席之地，就必须对产品进行创新。只有不断地创新产品，才能把潜在消费者变成自己的用户，才能留住现有消费者，才能吸引未来消费者。所以，创新是产品生存的前提条件和永葆生命力的原动力。

（1）创新为产品提供竞争力。

产品一旦在创新上有所突破，就可以满足消费者更多的需求，使产品的使用价值大幅度地提升。比如，日本的狮王牙膏就是因为创新，在已经非常饱和的牙膏市场赢得了自己的一席之地。狮王牙膏从市场上了解到，主打防蛀、洁白、抗过敏、保护牙龈的牙膏都有着自己的市场份额，它就在牙膏原本功能的基础上创新出“去烟渍”的牙膏，一经上市就赢得了广大烟民的青睐。正因为“去烟渍”的创新，让后来者的狮王牙膏提高了竞争力，在激烈的市场环境中存活了下来。

（2）创新为产品附加更多价值。

产品创新的第一要素是改变，改变产品的功能、外观等，增加新的功能，减少不必要的功能。在增加和减少的过程中，就会给产品带来额外的附加价值。比如，海尔从客户的投诉中了解到，农村客户在使用海尔洗衣机时经常会出现排水管堵塞的问题。海尔就在洗衣机的排水管处增加了一个泥沙过滤网，这个新增加的过滤功能不但能满足农村消费者的需求，也为海尔迎来了餐饮行业的客户群体。

2. 产品如何保持持续创新

既然创新能让产品拥有永久生命力，那么，产品如何才能保持持续创新呢？

（1）强化危机，培养创新意识。

张瑞敏说，市场不变的法则，就是永远在变。市场永远在变，说明现有的产品存在无法满足市场变化的危险，而产品如果不能创新就有被淘汰的可能。

古人云："居安思危，思则有备，有备无患。"既然市场是时刻在变化的，产品也就必须跟着改变。这种改变不是说等到产品被淘汰后才去改变，而是在产品发展良好的时候就要想到产品有可能存在被淘汰的危机，要把那些导致危机产生的因素全面考虑进来以求改变、创新。

孟子说："生于忧患，死于安乐。"温水煮青蛙的故事想必每个人都知道。假如把一只青蛙扔进滚烫的开水里，青蛙能够以惊人的一跃逃离险境，但是，如果把一只青蛙放进逐渐加热的温水里，等到青蛙意识到危险的时候，它已经失去了一跃而起的能力，最终只有葬身于水中。青蛙就是因为缺乏危机感最终才失去生命的。

在当代，因为缺乏危机、不懂得创新的企业比比皆是，它们最终的命运只能是淹没在市场的浪潮里。最为典型的当数电脑界叱咤风云的蓝色巨人 IBM，它正是因为缺乏危机感和创新意识，最终惨败。

> 20 世纪 90 年代，个人电脑和工作站的市场越来越大，但是 IBM 公司却沉浸在大型电脑为 IBM 带来的丰厚利润的辉煌中。可以说，那时整个 IBM 公司都在绝对安逸的氛围内，危机感尽失。在更多的人青睐小型电脑的时候，IBM 公司并没有意识到危机的降临、及时进行产品创新，甚至对市场出现的新情况不予理睬、麻木不仁。
>
> 这个决定最终导致大型主机大量积压，IBM 公司出现了亏损。从 1990 年到 1993 年 IBM 公司连续亏损额达到了 168 亿美元，创下了美国企业史上第二高的亏损纪录，同时，公司股票也一路暴跌。时任 IBM 公司董事长的埃克斯也因此被迫递交辞呈。

对于如何强化危机意识、培养创新意识，世界上很多公司做出了卓有成效的举动。比如，华为创始人任正非在内部刊物上发表了《华为的冬天》《华为的红旗到底能打多久》等文章，波音公司曾拍摄了一部公司倒闭的宣传片等，以警示自己的企业及员工。

（2）制定机制，建设创新土壤。

大多数公司都在谈创新，但是真正做到创新的却没有几家。究其原因，最主要是这些公司没有制定创新机制，没有为创新提供生存的土壤。创新机制是创新的内在技能和运转方式，如果一家企业没有完善的创新机制，那么创新也就无从谈起。

创新的本体是人才，要想让人才发挥创新精神，就要为人才实施创新行为提供保障。所以，创新机制最重要的是建立创新激励机制，如一系列的薪酬、晋升、奖惩制度等，以此来激励创新人才进行创新活动。

威廉·麦克奈特在任 3M 公司董事长期间经常对管理层说，要鼓励实验性的涂鸦，如果你在四周竖起围墙，那你得到的只能是羊；为了发现王子，你必须和无数只青蛙接吻。在 3M 的价值观里面，任何新产品的构想都是可以接受的。“为了发现王子，你必须和无数只青蛙接吻”也成为 3M 公司鼓励创新的口号。

3M 公司为了实施创新激励机制，制定了允许工程师利用 15% 的时间进行自主研究的“15% 制度”，同时还设立了诸如“卡尔顿奖”“金靴奖”等通过创新可以得到的荣誉。工程师即使自主研究失败也可以照常从事本来的工作，并且公司还会继续支持他进行新项目的研究。如果新项目不是因为研究方向的问题而是因为市场不可控因素导致的，研究人员不仅不会受到惩罚还会得到公司的奖励。

（3）树立观念，激活学习基因。

创新来源于学习，只有一支尊重学习、热爱学习的团队才能创造出被市场认可的产品。世界上任何一项发明创造都是发明者在学习了足够的基础知识、有了足够的学习能力以后才进行创新的。即使是著名的物理学家牛顿，也把自己的发明创造归结为学习：“如果说我比别人看得更远些，那是因为我站在了巨人的肩上。”

学习对于一个产品的创新至关重要。那么，如何建立一个学习型企业呢？我们来看一下英国最大的汽车制造商罗孚汽车是如何做到的。

20 世纪 80 年代后期，罗孚汽车陷入了经营困境，内部管理混乱，产品质量跟不上，员工士气低落，每年亏损额都超过 1 亿美元。但是没过多久，罗孚汽车的销量扶摇直上，不仅扭转了巨额亏损，还实现了巨大盈利，员工的收入也翻了几番，士气空前高涨。

对于这一重振雄风的现象，罗孚汽车将其归结为公司激活了学习基因，建立了学习型的企业。

首先，罗孚汽车集团新上任的董事会主席决心把集团创建成学习型组织，在公司内部成立了学习事业部，专门负责学习管理。

成立学习事业部以后，罗孚汽车还制订了一些与学习型组织相联系的公司发展目标。比如，通过更好的学习，使成本节约 200 万美元；每两年使员工态度好转 10%；获得全国职工培训奖……

同时，罗孚汽车还把学习型组织管理和公司的质量管理结合起来，使学习与产品的创新有效地关联在一起；领导带头，让领导层成为公司学习活动的发起人、致力于学习的倡导者、学习型成果的体现者……

最后，罗孚汽车还设立了员工助学工程，每年为员工支付 175 美元的学习津贴，对于为公司创新做出的贡献也给予一定的奖励。罗孚汽车还把学习扩展到顾客和上下游合作商，要求他们和自己一起学习、一起成长。

世界最富有创新精神的微软公司也是通过建立学习型组织来时刻保持创新的，它的学习理念是这样的：学习是自我批评的学习、信息反馈的学习、交流共享的学习。

·创业修炼·

市场上任何一种产品都不可能永远畅销，都会随着消费者需求的不断变化而被市场淘汰。只有不断地创新，才能使产品在市场需求的变化中保持足够的活力。

创新是产品提升竞争力的有效手段，它能让产品保持永久的生命力。创业者只有不断地追求产品创新，使产品拥有竞争能力，才能让企业保持可持续发展。

创业型企业最本质、最核心、最关键的工作就是创新。如果创业者无法保持产品创新，无法跟上市场变化，只是靠广告等方式企图赢得市场占有率，产品终将会被市场淘汰。

乔布斯曾说，领袖和跟风者的区别就在于创新。创新无极限！只要敢想，没有什么不可能，立即跳出思维的框吧。如果你正处于一个上升的朝阳行业中，那么尝试去寻找更有效的解决方案，更吸引消费者喜爱、更简洁的商业模式。如果你处于一个日渐萎缩的行业，那么赶紧在自我变得跟不上时代之前抽身而出，去换个工作或者转换行业。不要拖延，立刻开始创新！

六、不断寻求反馈，磨炼一流产品

客户反馈是指产品卖给客户之后的持续跟踪，以及通过提问的方式引导客户给出改进意见或建议。客户反馈是企业进行产品创新的推动力量，为企业的发展指明了方向。可以这么说，客户反馈关系到一家企业的生死存亡，任何一家对市场动向不闻不问、对客户反馈熟视无睹的企业，最终只会被市场抛弃。

据调查显示，企业的盈利主要来自现有客户购买现有的产品，而企业利润的增长点是现有客户购买新产品。也就是说，企业要想不断地盈利，就要在维护好现有客户的同时研发新的产品，而新的产品一般也是由老客户的购买开始的。只有老客户认可了你的新产品，才会有更多新客户到来。所以，客户的反馈对产品的未来发展是至关重要的，只有那些重视客户反馈的企业才能生产出一流的产品。

1. 客户反馈给创业者带来了哪些好处

很多创业者认为，客户提意见、给建议其实就是问企业要条件、提要求，就是想要得到更多的好处。不可否认，很多的客户反馈确实带有很强的目的性，有的甚至是无理的要求。但是，并不是所有的客户反馈都是无理的，即使是过分的要求也说明客户想要从产品中得到更多的价值，说明产品还有升值的空间。我们可以从客户反馈中找到产品的不足，同时还能了解到产品哪些功能是得到客户肯定的。

（1）客户反馈告诉我们，产品的最大价值是什么。

对于任何一家企业来说，无论在产品研发之前做过多少市场调研，得到过多么详细的数据，如果客户没有亲身体验过产品的功能，那么一切都是虚的。因为“事实胜于雄辩”，只有客户使用过产品，亲身体验过产品给他带来的价值和便利，客户才能从产品中得到某些方面的帮助或满足自己某些方面的需求，这才是真正的产品价值所在。

其实，客户反馈有些时候可以印证企业认为的产品价值是不是客户需求的产品价值。很多产品的失败就是因为企业认为产品的价值非常高，但是客户却并没有从中体验出价值所在。有些时候企业认为产品的某些功能是优势，但是客户却认为另外的功能才对他们更有用。这样就出现了一种价值不对等的情况。客户的反馈就能很好地解决这一问题，它能帮助企业找到产品的真正价值所在，让企业了解到自己产品的优势是什么。

（2）客户反馈告诉我们，客户的潜在需求是什么。

从大部分企业的客户反馈内容可以看出，其中反馈最多的问题是他们希望产品具备更多的功能或者更低的价格。无论是要求价格更低还是要求功能更多，都说明一个问题，这类客户有着更多的需求。

小王的公司每年都会做两次客户反馈调研。每次做客户反馈调研的时候，公司的员工都非常纳闷，因为客户反馈的内容大部分都是一些非常无理或者根本就没有实际意义的问题，如希望产品价格更低、某些功能不好用、没有同类竞品的功能多……可为什么老板还要坚持做客户反馈调研呢？

小王为了打消员工的疑虑，在一次客户反馈调研之后组织了一次全员大会。在会上，他问员工："你们从客户反馈中看到了什么？"有的员工回答贪婪，有的员工回答过分，有的员工则回答不切实际……正如客户反馈的内容一样，员工的评价也五花八门。

小王认真地听过员工的回答后，站了起来，走到讲台上说："我也看到了贪婪、过分、不切实际，可我从这些贪婪、过分、不切实际的反馈中还看到了另一种东西，那就是客户的潜在需求。如果客户一味地告诉我们产品如何如何好，我们的升级版产品就不会面世。"

（3）客户反馈告诉我们，产品创新的方向是什么。

从客户的反馈中了解到客户需求以后，下一步就是产品的创新。产品创新可以进一步满足客户真正的需求，而客户的反馈就是很好的信息来源。从客户反馈中，我们可以筛选出一些有用的信息，然后再进一步根据这些信息进行筛选，挖掘出客户真正的需求所在。

我们都知道，人性是贪婪的，任何一款产品都不能满足客户的所有需求，所以在对产品进行创新之前，用户反馈的信息是非常重要的，它是用户切身体验后的感受，能给产品创新提供新的方向和道路。

（4）客户反馈告诉我们，哪些消费者是潜在客户。

客户反馈不仅仅是找到产品的最大价值，也不仅仅是挖掘客户的更多需求为产品创新提供方向，从另外一个角度来说，客户反馈也是企业挖掘潜在客户、发展新客户的信息来源。从客户反馈中，我们可以发现，哪些客户群体最关心的是产品的最大价值，还可以进一步分析出这些客户的群体特征，从而总结出具有哪类特征的消费者是产品的潜在客户。

某企业在整理客户反馈的时候发现，在产品使用的过程中能够把产品价值全部或大部分挖掘出来的客户群体有一个非常明显的特征，那就是年龄都在20～30岁，并且以女性为主。

发现这一特征以后，这家企业立即调整了广告投放的方向，把广告受众定位到了年轻女性身上。不到半年，这款产品的销量翻了3倍，用户数量也增加了2倍多。

在创业的过程中，客户反馈是创业者非常宝贵的财富，它既能让创业者了解到产品相对于客户来说最大的价值所在，又能从中获取产品创新的方向。可以说，这在一定程度上降低了创业者和客户之间对于产品价值和客户需求信息的认知不对等所给创业者带来的正向和间接影响。

2. 如何获取客户反馈，应注意哪些事项

（1）建立客户反馈制度。

对于客户反馈的信息采集不能是有需要的时候就做，没有需要的时候就不做。比如，公司要上新产品了，在研发期间需要客户反馈提供信息支持，这个时候企业才开始大张旗鼓地进行调研工作的话，企业得到的用户反馈就只能是片面的或者说是企业所希望看到的反馈。

其次，如果企业没有客户反馈制度，员工对客户反馈的重视程度也就不会高。他们只会把收集客户反馈工作当作临时性的工作，或者是根据管理者想要的反馈结果来做反馈调研。因此，企业很难从这种临时的客户反馈调研报告中找到客户的真正需求点所在，也就很难发现客户追求的产品价值所在。

最后，没有制度的建立就没有约束力，也就没有统一的要求。这样，企业在做客户反馈调研的时候随意性就会比较大。弄不清楚客户反馈的意义就不知道到底该如何做客户反馈调研，也不知道做到什么程度才符合企业的要求。一旦建立了客户反馈制度，企业在做客户反馈调研工作时就有据可依，渐渐地就会养成一种习惯、一种企业文化。

（2）客户反馈调研要面对面进行。

客户反馈调研是一种双向的沟通，包括主动寻求反馈和主动给予反馈。企业主动寻求反馈就需要拿出一种认真、重视的态度，要进行面对面

的沟通。只有企业以认真、重视的态度和客户进行面对面的沟通，客户才会感觉受到尊重，才会给出发自肺腑的真实意见和建议。

有一项数据显示，在做调研的过程中，工作人员和客户面对面地进行沟通的成功率更高，且得到的客户反馈的信息更多、更真实有效。比如，你做电话调研，有可能客户正在坐着发呆，但是却告诉你没有时间，而面对面的沟通会避免这种情况的发生。

（3）客户反馈调研要高管参与。

高管参与反馈调研，客户就会感觉到自己的意见或建议被公司重视，采用的概率会更高。只有当客户认为自己的意见或建议能够被采用的时候，他们才会放下防备或者事不关己的心理，打开话匣子表达自己所有的想法。

高管是制定公司战略的参与者，他知道公司的发展方向是什么，能够在大量的客户反馈信息中甄别出公司需要的有效信息。很多世界500强的企业在进行客户反馈调研时，公司的高管或者公司的最高管理者一般都会直接参与。美国最大独立计算机服务公司EDS创始人、佩罗系统公司创始人罗斯·佩罗在回答销售成功的秘密这一问题时说，他70%销售的成功是因为他自己亲自出面参与了。

·创业修炼·

创业者要想搞明白“我们做得好的是什么？”“我们哪里还可以做得更好？”“客户会给我们的产品打多少分？”“客户还有什么潜在需求是我们可以实现的？”……客户反馈就是最好的答案。

作为创业者，首先要从心理上重视客户反馈的重要性，把客户反馈融入日常管理中，要做到让全体员工对客户反馈的重要性有统一的认识。

创业者要想自己的产品被客户接受，首先要做的是了解企业对产品价值的定位与客户对产品价值的定位是否一致。客户反馈正是解决价值差异最有效的方法。

第四章 团队：人品比技术更重要

团队是使创业梦想变成现实的推动者。对于创业者来说，找到能够“心往一处想、劲往一处使”的创业伙伴，远比找到一笔投资更让人激动。而对于创业团队来说，团队成员的人品远比他的技术、能力要重要得多。

一、没有人能单独成功

看过《动物世界》的人都知道，老虎是森林之王，但是当一只老虎独自面对一群狼的时候，往往会选择避让，即使是到嘴的猎物也只能白白地送给狼群。这是因为，老虎再强大，它也只是孤军奋战；而狼的个体虽然相对较小，但它胜在数量和相互合作上。

对于创业者来说也是同样的道理，一个人的力量毕竟是有限的，一个团队的力量才是无穷的。比尔·盖茨曾说，微软的一切来自一个永不言败的团队。如果把微软公司顶尖的20个人才挖走，那么，微软会变为一家无足轻重的公司。

比尔·盖茨之所以能够连续13年成为《福布斯》全球首富，连续20年成为《福布斯》美国首富，这些成就跟他的创业团队是分不开的。

> 1976年，比尔·盖茨和保罗·艾伦注册了“微软”商标，成立微软公司。在创业初期，比尔·盖茨以商业为主，负责公司产品的销售、技术、法律、商务谈判等；保罗·艾伦则以新技术和新理念为主，负责技术上面的事务。两人各司其职、配合默契。
>
> 在签订合作协议的时候，对于股权分配两人也配合默契：比尔·盖茨占60%的股份，保罗·艾伦占40%的股份。虽然股权比例不是平分，但是两个人组成的创业团队却彼此扶持、缺一不可。艾伦制定的“先赢得客户，再提供技术”的战略也在公司初期的发展中起到了重

要的作用。

1980年，史蒂夫·鲍尔默的加入让微软公司如虎添翼。史蒂夫·鲍尔默非常善于社交，几乎从事过公司所有的职位，在管理和营销方面给予了比尔·盖茨很大的帮助，比尔·盖茨戏称他为“救火队长”。

可以这么说，在微软创业初期，正是保罗·艾伦和史蒂夫·鲍尔默的加入，和比尔·盖茨组成默契的创业团队，微软才会有今天世界霸主的地位，比尔·盖茨才能连续13年成为《福布斯》全球首富，连续20年成为《福布斯》美国首富。

在当今市场环境下，竞争越来越激烈，资源配置更加集中，世界已经高度分化，没有哪个创业者可以说自己一个人就能做成一件事。即使有个别成功的案例，也属于偶然事件，大多数的成功创业者都是靠着团队的力量。团队才是企业的核心竞争力，无论是管理还是生产都离不开人，更离不开团队的配合。

那些单打独斗的创业者在总结失败教训的时候会说，创业失败是因为资金没有跟上、产品研发失败……其实根本的失败原因是因为资源不足，无论是人才资源还是资金资源，而归根结底还是因为没有一支优秀的创业团队。

1. 团队可以帮助创业者做到资源整合

团队最重要的作用是让“1+1”的能量大于2。俗话说：众人拾柴火焰高。意思是说，一个人往燃烧的火里添柴，即使能供得上，火焰也不会太大；如果是一群人往火里添柴，柴的数量就会更多，火焰也就会更大。

我们都知道，当一个人遇到困难的时候，容易彷徨、迷茫，甚至很难走出来，当自己无法面对的时候，往往是寻求亲朋好友的帮助才能渡过难关。创业公司也是同样的道理，人多力量大。一个人的能力毕竟是有限的，有人资金充足、有人管理能力强、有人技术好，如果这些人组成团队，这个团队就会既有钱、又有技术和经验。当这样的团队组合起来的时候，再进行资金、技术、经验等的合理配置，整体优势就会发挥出来，从而产生从量变到质变的效应。

有两个人行走在沙漠里，经过一段时间的赶路，一个人身上只剩下了干粮，另外一个人身上只剩下了水。

剩下干粮的那个人害怕剩下水的人抢自己的干粮，就狼吞虎咽地把自己仅剩的干粮全部吃进了肚子里。

剩下水的人害怕剩下干粮的那个人抢自己的水，同样鲸吞牛饮地把自己仅剩的水也全部灌进了肚子里。

最后，把干粮独自吃光的人渴死在了沙漠的边缘，把水独自喝完的人也饿死在了沙漠的边缘。

同样是行走在沙漠里的另外两个人，经过一段时间的赶路，一个人身上也是只剩下了干粮，另外一个人身上也是只剩下了水。

剩下干粮的那个人心想，对方手里有水，如果分我一半我就不会渴死了。

剩下水的人心想，对方手里有干粮，如果分我一半我就不会饿死了。

经过协商，他们两个达成了统一意见：有干粮的人分一半干粮给有水的人，有水的人分一半水给有干粮的人，两人一起算了一下走出沙漠还需要的日程，并约定好每人每天喝固定量的水、吃固定量的干粮。

最后，两人相互搀扶着一路走出了沙漠。

第一个故事就是因为两个人只想到自己手里的资源，而且还存在防备之心害怕别人盗取自己的资源，所以最终都没能走出沙漠。第二个故事，由于两个人组成了团队，资源得到了整合，所以他们最后成功地走出了沙漠。

这两个故事不同的结局告诉我们：面对困难和机遇，绝对不能像第一个故事里面的两个人那样，认为自己有着足够的资源，不懂得分享利益；

要像第二个故事里面的两人那样把资源整合起来，通过合作才能走出困境、走向成功。

2. 团队可以发挥一个企业的凝聚力

英国作家萧伯纳有一句名言：两个人各自拿着一个苹果，互相交换，每人仍然只有一个苹果；两个人各自拥有一个思想，互相交换，每个人就拥有两个思想。团队不仅仅是人的数量和资源的组合，更是思想、梦想等的组合，团队是共同理想和目标的凝聚。我们知道，把油一滴滴地独立分布在盘子的各个角落，它们是分散开的，但是当你往其中的一滴油上面不断地增加时，其他的油滴也会慢慢地向这滴油靠近。

有一个创业者独自开办了一家公司，开始招员工的时候，面试的人基本上是来一个走一个。创业者认为是自己的工资开少了，就提高工资标准继续招人。但是，情况一直没有改观，面试的人还是来一个走一个。

最后，好不容易招到了一个人。创业者非常激动，对这名员工也非常好，吃饭什么的都带上他，给他的待遇也是非常高。但是，没过多久，这唯一的员工却离职了。

这名创业者就更加纳闷了，工资提高了、待遇提高了，为什么员工还要走呢？他就问这个申请离职的员工离职的原因是什么。

这个员工告诉他，公司就他一个员工，太孤单，看不到发展前途。

后来，这名创业者觉得自己无法独立经营公司，就拉了几个合作伙伴一起创业，共同为公司出谋划策。渐渐地，公司的人气起来了，招聘员工也比以前容易了很多。

这名创业者开始没能招到员工的主要原因就是因为创业者的梦想仅仅是他自己的，而员工看不到。最后又能招到员工，是因为应聘者来了以后能够感受到公司的梦想是一大群人在努力，自己的发展前途一片光明。

其实，生活中也有很多这样的例子。比如，录制电视节目时邀请观众到现场参与。找这些观众不是为了欺骗，而是为了烘托节目气氛。

3. 团队是企业创新的条件和动力

创新能让企业永葆生命力。企业无论是管理的创新还是对产品的创新，说到底还是人才的创新，团队是保证创新人才的基础。企业只有拥有富有创新精神的优秀团队，才能在市场不断的变化中保持创新的动力。

爱迪生是世界历史上伟大的发明家，人们常常感叹于他的精力之多、智商之高。其实，爱迪生能够创造2000多项发明的原因，是他也有自己的团队。他的团队包括三个得力助手和几个埋头苦干的员工。其中，一个助手是机械方面的专家，甚至在机械方面的造诣超过爱迪生；一个助手思想比较活跃，爱钻研，头脑中经常蹦出来的一些稀奇古怪的问题给了爱迪生很多的启发；一个助手擅长绘图，根据爱迪生的手稿他都能完整地绘制出机械图。

创业其实是一个高危职业，大家只是看到了那些成功的企业，其实，它们成功的背后，每一个行业都倒了很多失败的企业。但是，从那些创业成功的企业背后我们同样可以发现，它们都有着一个优秀的团队。对于拥有追求极致匠人精神的创业者来说，更需要的是团队的支持，这样才能把事情的每一个细节都做到极致完美，从而成就梦想中的事业。

·创业修炼·

在这个世界上，没有人能只靠个人的力量就取得成功，创业更是如此。每一项工作的完成，都需要团队的齐心协力。每一个“成功者”的背后，都有一个优秀的团队。创业者只有得到身后团队的帮助，才能获得更强大的能量，才能穿越创业的迷雾，走到最后。

创业成功最重要的因素，不是钱、产品、技术、公司名称、办公地点，而是团队。有了团队，这一切都会有。有了好的团队，这一切才会更好，创业成功的概率才会更大。所以，对于创业者来说，最重要的工作之一就是找人、组团队。

本田汽车创始人本田宗一郎说，年轻时，他做事喜欢依靠外力，也就是依靠周围人的力量。每次他老老实实地说出自己需要帮助时，周围人都夸他“实在”“诚实”，可能这就是年轻的魅力吧，可以不加掩饰地说出自己的愿望。有些人吹嘘“一直都是靠自己奋斗”，他不太相信。其实年轻时能够借助周围人的力量是件好事，这样自己也能成长得更快一点。

二、每个人都有成功的潜质

人才难得更难留的问题，几乎是每个创业者都会遇到的巨大难题。很多创业者都抱怨找到人才难，而好不容易把人培养起来了，人又要辞职。这样的局面经常使创业公司陷入艰难，毕竟“人是一切的根本”。没有了人，就没有了团队。对于创业这件事来说，即使是最伟大的匠人，也不可能独立完成。

创业者作为团队的领导者，与其抱怨员工的不忠诚，不如静下心来问问员工：“你为什么要加入我们的团队？和我们一起奋斗，你想要什么？”

类似这样的问题，能够帮助你唤醒员工心中对成功的渴望和对未来的思考。当然，如果仅仅是因为你问了这样的问题，就想让员工不计报酬、死心塌地地跟你干，不太可能。接下来，你还要做两件事：一是让每个人都拥有梦想；二是每天都关注每个人的成长。

当然，在做这两件事之前，希望你能够意识到每个人都有成功的潜质，并且坚信这一点。否则，你很有可能被“他真的很笨、很蠢”这样的念头而引向另一个方向，失去一个原本十分出色的人才。

1. 让每个人都拥有梦想

梦想对于一个人做事态度的影响是深远的。当你还无法像大公司那样给员工发高薪、提供非常好的福利，但你必须为团队描绘一个梦想，哪怕你的团队只有一个人，都应该这样做。

管理学家吉姆·柯林斯在其所著的《基业长青》一书中说："那些真正能够留名千古的宏基伟业都有一个共同点：有令人振奋、并可以帮助员工做重要决定的'愿景'。"这里说的"愿景"就是创业初始阶段的梦想。

但是，这真的不是一件容易的事。首先，并不是每一个创业者都十分清楚自己的梦想是什么。或许，昨天他还在一家公司上班，因为和主管吵了一架而辞职，然后今天他租了个办公室就成了创业者。这种情况显然是存在的。如果你是这样一个创业者，建议你先不要考虑团队的问题，先想好自己的梦想再说吧。当然，对于绝大多数的创业者来说，他们心中都有着清晰的目标和方向，他们知道自己现在做什么、将来要做成什么。但是，他的团队却不一定知道。那么，问题就在于，他要如何向团队中的小伙伴描述这个梦想呢？即使他讲了，又有几个人能够认同并且把这个梦想也视为自己的梦想呢？

在阿里巴巴的"云计划"平台上，有创业者提出了这样的问题：

> 创业让我感觉人生很精彩，但在创业的路上，也有无尽的痛苦和困难。走到现在，我遇到了一个不知该如何解决的问题——时下，员工的工资每年持续在涨，而求职者的素质与能力不但没有快速增长，反而拜金主义思想愈演愈烈。很多求职者都是骑驴找马，就连应届毕业生也普遍要求工资高、离住的地方近、不加班，做错事你还不能说他或扣他绩效工资，说了他就辞职。我尝试着让大家拥有一个共同的目标、梦想，以使整个团队更加团结、有激情，但员工还是认为公司的使命、目标、愿景都是老板的，认为自己所做的事都是为老板赚钱，认为老板给多少钱自己就做多少事情。

这个来自创业一线的声音，说出了很多创业者的心声：他们知道让大家拥有一个共同梦想的重要性，但是员工可不这么想。这的确是一件让人十分头痛又无奈的事。但是，你是否认真想过，为什么那些成功的创业者可以让自己的梦想变成团队的梦想，并且吸引到很多优秀人才的追随呢？

如史玉柱、马云。

对于和员工分享梦想这件事，马云是这样说的：

> 关于阿里巴巴的梦想：我们希望阿里巴巴是在中国这片土地上诞生的一家对世界经济发展、人类社会进步有贡献的公司。所以我们希望招聘进来的员工都充满这个使命、这一理想，大家是团结一心的，当然我们也会有很多的分歧，但是最重要的是点点滴滴把它做下去。
>
> 关于员工的梦想：阿里人要记住，自己的利益一定是自己打拼出来的，奖金、收入不是别人给你的，而是凭你自己的努力得来的。业绩、市场也一样。我们为努力鼓掌，为结果付报酬。如果你做出结果，We Pay（我们埋单）。如果你很努力，但没有结果，我们鼓鼓掌，你也很好。

马云在向员工介绍团队梦想的时候，同时也关注了员工的梦想，并且直接告诉他们：你们的梦想必须靠自己的努力打拼出来，而且这在阿里巴巴是被鼓励和赞扬的。言下之意是：我们在一起做一件非常伟大的事，如果你在完成这件事的过程中足够努力上进，你不仅能够得到自己想要的一切，还将成为一个伟大团队中的一员。

所以，对于分享梦想这件事，你不仅要用清晰的语言表达出来，还要确保你的梦想足够大，需要持久的努力奋斗、通过一点一滴的提升才能实现。其次，你必须让这个梦想为员工“服务”，让员工了解自己能够在实现这个梦想的过程中得到哪些好处。

2. 每天关注每个人的成长

匠人的许多技艺都需要靠长期经验的积累，并通过感觉来达到极致。所以，每个匠人在学徒阶段都要长期坚持做一些琐碎、简单、重复的工作，甚至绝大多数时候，这些工作看起来毫无技术含量可言。但是，他们的师傅却会每天对他们的工作进行检查，并一针见血地指出某个细节的不足。然而，很多时候即使知道不足，师傅依然无法清楚地用语言告诉自己的徒弟要怎么做才能有所改进。那么，为什么还要坚持这么做呢？

因为即使只是一句话的指正，也会让被简单、重复的工作而搅得心烦意乱的徒弟感受到师傅的关注，同时被“不足”激发出更大的进取心，力争做到更好，然后继续完成那项他早已厌烦透顶的工作。直到有一天，师傅说“这样就对了”，那份成就感、自豪感胜过任何一笔丰厚的奖金！

所以，作为创业团队的领导者，你绝对不能忽视“每天关注每个人成长”的力量。很多创业者可能认为，作为公司的“老板”，自己有更重要的事情去做，关注员工成长这样的事，一年做一次？或者想起来、闲下来的时候做？或者业绩考评的时候做？总之，他们认为那是非常不重要的事，没必要在那上面浪费时间。但是，你绝对想不到，绝大多数离开创业团队的人，都是因为“感觉不到成长”“被忽视”。

所以，不要再端着“老板”的架子了。难道你比那些七八十岁的老匠人有更重要的“偷懒”理由？如果他们还能每天关注学徒的成长，你当然也能每天关注员工的成长。甚至可以说，作为团队领导者，你应该把很大一部分的时间和精力花在这些事上，它有助于帮你打造更加优秀、凝聚力更强的团队。

每一次和员工讨论工作的时候，都是对员工的工作进行评估和引导的最好时机。记住，对于员工的工作，你永远都不要只是看结果，要对过程进行详细的了解。这不仅能够帮助你判断结果的真实性和可靠性，还有助于你了解员工的工作能力、职业素养等，有助于你对员工做出更加准确的评估和进行有效的引导。相反地，如果你拿到了一个不好的工作结果，但是你并不想知道过程，然后你大声地对员工说：“拿回去重做！”员工不知道自己错在哪里，也想不到更好的办法，只得按照原来的步骤又做了一遍，结果可能依然无法让你满意。于是，你无奈地说：“怎么会有这么蠢的员工！”而员工却委屈地说：“怎么会有这么不讲理的老板！”如果事情到了这个地步，肯定是团队领导者的责任。

所以，请认真关注员工执行的过程，并及时进行帮助和引导，以提高他们的能力。当然，在“挑错”的过程中，你要有一双善于发现美的眼睛，对于员工每一个点滴的进步和成长，都不要吝啬你的鼓励、关心和欣赏。你的一句话或许就能让员工的自信心增长，然后以更加饱满的热情投入工作中去。即使员工本身已经很有自信，你同样不要放弃每一个鼓励、关心、表扬他们的机会，并且一定要具体。

总之，如果员工没有达成你想要他们完成的目标，指责、抱怨甚至开除，都不是最好的办法。每个人都有成功的潜质，关键是你是否看到了这个潜质，并且进行了有效挖掘和利用。

· 创业修炼 ·

很多创业者崇尚简单、直接，不屑于“画饼”。事实上，一个人能够获得多大的成就，关键就在于他有多大的梦想，然后勇敢地去追梦。如果在开始工作之前，员工不了解公司的梦想，不知道未来要往哪里走，不知道如果自己做好了会得到哪些回报，他不会像你一样对工作充满激情。所以，千万别不好意思“画饼”。你不给员工一个梦想，他怎么有动力跟你一起工作呢？

仅仅给员工一个梦想，是远远不够的。毕竟，他还需要活在当下。能够让员工每天都像匠人那样认真、谨慎地对待自己的工作，把每一件小事做到极致，你就必须懂得时刻关注他的成长，及时对他给予肯定和表扬。这一点，对于初创公司来说，尤其重要。因为无论如何，你都不可能提供比那些大公司更有吸引力的薪水、福利和职位。

三、形成正能量的磁场

正能量，是指所有积极、健康、催人奋进、给人力量、充满希望的能量，它是一种动力、情感和精神。

对于创业者来说，创业团队是决定创业成败的最大因素。一个团结、富有激情、朝气蓬勃、有执行力、追逐梦想的正能量团队，会给创业者带来意外的收获。但是，一个死气沉沉、充满抱怨、自私自利的负能量团队，只能给创业者带来意外的“惊吓”甚至是失败。社会上因为团队充满负能量而失败的创业者比比皆是，创业者想要取得创业的成功，必须打造一支充满正能量的团队。

1. 以身作则，从我做起

榜样的力量是巨大的，要想打造正能量团队，创业者作为团队的老大，要起到带头的作用。首先，创业者要让自己充满正能量、责任感和激情，并富有梦想。在面临机遇或困难的时候，创业者要以充满责任感的态度积极去面对，对团队成员要真诚、对机遇要充满激情、对困难要勇于承担。

在“非典”时期，阿里巴巴对派遣员工在参加“非典”疫区广州召开的“广交会”感染“非典”事件时所做出的正能量举动，就是创业者学习的好榜样。在员工感染“非典”之后，马云非常真诚地出面承担起了自己的责任，他及时地给全体员工写了一封道歉信：

尊敬的阿里亲友：

这几天我的心情很沉重！从上午知道确诊后到现在，我一直想向所有的人表示深深的歉意！如果今天有任何事可以交换我们不幸患病的同事的健康，如果今天我们可以做任何事来确保同事和杭州父老兄弟姐妹的健康，我愿意付出一切！

我知道今天做的任何解释都毫无意义，毕竟事情已经发生！我为我们的同事在事发前所做的一切应急预防准备工作表示遗憾！因为我们的准备工作也许是杭州最好的之一，但由于种种偶然的因素，我们还是被 SARS 击中！而我们的应急方案居然真的派上了用场！

确实，阿里巴巴存在很多不足之处和漏洞，很多问题我们会在灾难后认真反省！作为公司负责人，我很想承担所有的责任，如果可以的话。但理智告诉我，今天还不到指责埋怨的时候！今天我需要和大家一起共渡难关，迎接挑战！一家由年轻人组成的年轻的公司，经过这次灾难我们会成熟得很快！

这几天令我感动的是，面对挑战，所有阿里人选择了乐观坚强的态度，我们互相关心、互相支持。在共同面对 SARS 挑战的同时，我们没有忘记阿里人的使命和职责！因为灾难总会过去，而生活仍将继续！与灾难抗争的同时，我们要继续为自己钟爱的事业奋斗！

我为有这样的员工而骄傲！我为自己能在这样的公司里工作而自豪！我也希望阿里的家人、朋友们为你们这样的年轻人、这样敢于接受挑战的年轻团队而鼓掌！因为你们没有选择恐慌、退缩和悲观！这是阿里价值观的作用！阿里人能理解！

我理解大家现在的心情，真的对不起！影响了大家正常的生活和工作！养好身体比什么都重要！请大家认真配合有关部门的工作！请各位阿里人把此信转给我们尊敬的亲属、朋友和所有因我们而受到各种损失的人士！并向他们表示深深的歉意！

让我们共同为那位生病的同事祈祷！祝福她早日康复！这几天我还会和大家通过网络联系，我仍会一如既往客观透明地报告我所知道的任何情况！

再次向各位表示歉意！

谨致诚挚的问候，衷心祝愿大家身体安康！

马云勇于承担责任和积极面对事件的正能量感染了全体员工，不仅使得团队更加团结、有激情，还在极短的时间内提升了凝聚力和执行力。

2. 营造适合正能量生存的环境

环境是种子生根发芽的土壤，创业者只有营造了适合正能量生存的环境，正能量才可以得以传播和发扬。创业者要想在团队中营造一种正能量的环境，就必须从关注每一个团队成员开始。

首先，创业者要引导、传递正能量概念，这可以从掌握沟通技巧出发。马云曾说，愚蠢的人用嘴说话，聪明的人用脑说话，智慧的人用心说话。一个会说话的创业者会给员工传递快乐、信任、支持、鼓励。

我们都知道，当一个人受到批评的时候，往往第一反应是消极的，进而会在思想上产生抗拒，然后就会在行为上表达负能量。对于一个团队也是如此，当团队中间整天充斥着批评、指责的时候，团队的士气肯定会受到影响，团队人员的情绪也会受到影响。

但是，一个充满赞美、鼓励、支持、信任的团队，思想上就会得到极大的统一，行为上也会表现出足够的自信。如果是这样，团队的工作效率会差到哪里去呢？

比如，一个员工工作做得不够认真，创业者把他叫到办公室批评："这件事情不是这样做的，拿回去重做，今天晚上必须交给我。"这时无论是从加班考虑还是从被命令的心理考虑，员工肯定会产生消极的情绪，心里的埋怨、牢骚肯定不少。假如创业者换一种说话方式："这件事情做得还不错，如果一些细节再处理一下就更加完美了。如果时间允许，你就帮忙处理一下，尽量下班之前给我。"这样的话，员工最起码感觉到自己和自己的工作得到了尊重和认可，会主动地追求更好。

其次，创业者要在团队中传递一种良好的工作方式和积极的工作态度。团队存在的最主要意义是为了工作的需要，团队所有的行为也是因为工作才有的。所以，要想营造正能量的团队，良好的工作方式和积极的工作态度是必不可少的。

缺乏积极的工作态度，会致使员工在工作没有做好的情况下，主观地把责任推到别人的头上，而不是从自身找原因。一旦发生这种情况，同事之间就会产生埋怨、猜忌等不良情绪，进而把这种情绪带到团队的合作中去。久而久之，团队就会失去团结。

拥有积极的工作态度，能使员工在工作任务布置下来以后，即使遇到困难也想方设法地去完成。而一旦员工在完成任务的过程中遇到自己无法解决的问题，也会主动地和其他团队成员进行沟通、讨论，寻求帮助。长此以往，团队会更加团结。

同时，良好的工作方式会有效地缩短单位工作时间、提高工作效率。

在鼓舞团队士气、增加团队成员的工作满足感和成就感上面，良好的工作方式也起到了非常重要的作用，能从心理上激励员工主动发挥积极性和创造性。当然，创业者引导员工形成良好的工作方式也是对员工的知识和技能的提升，有利于员工的职业发展。

最后，创业者要培养团队成员之间的真诚和忠诚。真诚和忠诚是团队正能量最基础的保证，只有彼此真诚、忠于对方的团队才能齐心协力、劲儿往一处使。

3. 制定正向机制

制定正向机制是指企业要打造一种正能量的团队文化。团队文化是一个团队的灵魂，它能起到指导员工思想和行为的作用。

首先，正向机制具有凝聚的作用。正向机制是企业向心力的源泉，是团队万众一心、步调一致，努力实现企业目标和团队目标的动力。正向机制像是大海中的灯塔，起到传播光明、指引方向的作用。

其次，正向机制具有激励作用。正向机制最重要的组成部分能鼓励员工向着正能量的方向发展。正向机制能给团队提供良好的工作氛围，让团队远离消极情绪和钩心斗角，在团结互助、激情追梦的环境中工作。同时，正向机制的激励部分还能起到鼓励创新的作用。

最后，正向机制也具有约束作用。正向机制同样还会存在约束功能，它能让团队成员明白哪些是不该做、不能做的。团队成员一旦触碰到机制的底线，做了不该做、不能做的事情，同样会受到惩罚。这种惩罚不仅仅是物质上的，更重要的是精神上的，比如批评、处分等。

俞敏洪说："只有有正面能量的人才能让大家跟着你走！"这句话运用到团队发展上面就是，只有团结、有激情、朝气蓬勃、有执行力、勇于追逐梦想的正能量团队，才能走得更远。

·创业修炼·

一个充满正能量的团队，会像个匠人一样在工作中拥有坚定不移、追求极致的决心。团队成员对待工作认真负责，并且坚信自己一定能够完成任务，哪怕是一件看起来似乎不可能的事；每个人内心深处都认同团队的愿景、使命和价值观，并因此紧紧团结在一起，为实现共同的梦想而做出承诺、付出行动。

作为团队管理者，要想打造一支充满正能量的团队，首先必须让自己成为正能量的源头。其次，你要关注团队中的每一个人，尽可能地激发出他们身上的正能量。当一个团队中有了一两个正能量体，就能够创造一个充满正能量的环境。在这样的环境里，团队中的每一个人都会感到自己对工作充满热情、浑身充满正能量。

四、一流沟通力，成就一流合作

沟通是指人与人之间或者群体之间通过语言、文字、符号或其他表现形式，进行的信息传递、交换以及思想的交流，以求相互理解、达成共识的过程。沟通是为了达成统一的团队目标，通过一定的表现形式把成员之间的思想、行为联系在一起。

在团队的合作过程中，沟通是非常重要的，团队的管理过程就是沟通的过程。GE（通用电气）公司前总裁杰克·韦尔奇说："管理就是沟通、沟通、再沟通。"为了达到团队的目标，成员之间需要密切的配合。但是，团队是由不同成员组成的，每个人的想法、方式、习惯等都不同，要想达成统一的团队意识和团队行为，沟通是成员之间达成默契的最有效手段。

1. 有效沟通是团队管理的"武器"

托马斯·D. 兹韦费尔说："没有沟通，就没有管理。"对于创业者来说，沟通是管理团队最有效的"武器"。通过沟通，创业者可以：①及时了解团队的优势、取长补短；②发现团队存在的问题，及时消除误会、化解矛盾、解决冲突；③进行思想的碰撞，改革创新；④建立共同的愿景，增强团队的凝聚力。

(1) 有效沟通是信息传递和解决矛盾的唯一途径。

沟通在团队管理中最基本的作用就是信息传递和解决矛盾。团队是一个组织，是由具有不同思想、行为的多个成员组成的。因此，在团队工作的过程中，会出现信息不对等的情况以及工作理念、方式、行为的差异。如果不能做到信息共享，团队工作就如同一盘散沙，你做你的、我做我的，最终很难实现共同的目标。同样地，如果成员之间的工作理念、方式、行为的差异不能得到统一，团队的工作就不能做到心朝一处想、力朝一处使，这样团队成员就很容易在工作的过程中产生误会、摩擦，影响团队的团结。

小李是某创业公司的老板和团队负责人。他的性格比较内向，平时沉默寡言。在他的影响下，整个团队也渐渐变得寡言少语、工作气氛死气沉沉。很多时候，小李在给团队布置任务的时候都只是三言两语，等到团队成员领了任务以后，也很少主动地和他沟通任务的细节等。久而久之，团队成员之间也很少进行沟通，逐渐形成了“你干你的、我干我的”的工作氛围。

对于一些小的任务，在这样的工作氛围中并没有出现很大的问题，团队基本上都能很好地完成。但有一次，公司接了一笔大单，需要团队全体成员共同完成。小李像平常一样把任务言简意赅地布置了下去，之后也没有进行必要的沟通。成员之间由于已经养成了“各干各的”的习惯，对于这么一笔大单，也没有进行有效的沟通。

当团队把任务完成、交到小李手中的时候，小李傻眼了。一份完整的任务让团队做得东一块、西一块的，可谓是支离破碎。相互关联的项目却被做得背道而驰，其中做同一项目的两个人却把项目做成了完全相反的方向。

于是，小李把这两个人叫到办公室一通批评，要求他们即使不睡觉也要加班加点地重做。没想到等到他们第二天交任务的时候，不仅没有改观，问题反而更加严重。这两个人都认为是对方故意使坏整自己，都对对方满怀怨气。等到公司其他员工离开以后，矛盾开始凸显出来，两人由于言语过激动起手来，其中一个脸上还被打出了一道口子、破了相。

小李的公司出现的问题就是因为创业者缺乏和团队成员的沟通，创业者的态度还对团队成员产生了影响，使其之间也缺乏沟通，最终导致矛盾升级。

（2）有效沟通为决策提供方向和保障。

企业的经营和发展离不开决策，一个正确、科学、合理的决策是企业良性发展的根本所在。有效的沟通可以帮助创业者获取大量的信息，从而为决策提供依据。创业者在和自己团队沟通的过程中也会收到合理的建议，从而为决策提供参考。

美国福特汽车公司非常注重团队沟通。它每年都会制订一个全年的“员工参与计划”，通过沟通让员工参与到公司的决策中来。在参与计划实施的时候，福特公司的团队沟通就凸显出了它巨大的威力：福特公司的决策因为员工的合理化建议少走了很多的弯路，一些非常好的决策在很大程度上为企业减少了生产成本。

有效沟通是企业决策顺利实施的有力保障。企业的任何一个决策制定出来以后，都需要员工参与实施，决策所涉及的干什么、如何干、什么时候干等问题都需要员工具体去做。没有有效的沟通，员工就如同无头的苍蝇一样，姑且不要说决策执行得好与不好，到最后决策能否实施都是问题。

（3）沟通可有效地协调团队工作和增强团队凝聚力。

有效的沟通可以使任务指令更确切地下达，团队在执行工作任务的时候会对任务的目标要求了解得更详细、更到位。比如，创业者需要组织一场经销商订货会，在给团队下达任务的时候，如果沟通到位、各部门之间任务明确，市场部就会知道自己该干什么，后勤也知道自己该如何配合，并且他们私下也会进行沟通，也知道做到什么程度才算做好。假如创业者如下命令一样简单地撂下一句话就算完事了，那么，各部门之间分工就不明确，这就很容易在工作的过程中带来很多的麻烦，如消极怠工、互相推诿、互相埋怨等。

有效的沟通是双向多层的，沟通的双方需要换位思考，在这样的过程中创业者和团队其他成员之间就会建立良好的人际关系、增进团队感情。在沟通的过程中，换位思考会使老板充分了解员工的想法，员工也会主动地为老板考虑。在这样的工作氛围中，团队就会形成一种无形的凝聚力，彼此惺惺相惜。

2. 有效沟通需要掌握方式方法

有些创业者把沟通简单地理解为好的口才，就是领导站在台上口若悬河地指导工作。其实，这样的理解是错误的，这种做法容易让员工感觉自己是在被命令、被指责。我们都知道，同样的一句话，如果语气、表情、场合不同，所表达的意思可能完全不同，甚至可能是完全相反的。

所以，沟通并不是随随便便的我说你听，或者你说我听。有效的沟通要做到说者诚其心，听者知其意。

（1）创业者要懂得尊重、善于倾听。

有效的沟通，总是始于倾听，终于回答。创业者在与员工沟通的时候，不能随心所欲、以自我为中心地由着自己的性子来，对员工的建议或者意见更不能主观臆断、敷衍了事，要做到耐心倾听。

一些创业者在和员工沟通的时候，基本上都是他自己在说、员工在听，一旦员工发表的看法不合其心意，就会被无情地打断，甚至被批评、指责。表达是沟通双方共有的权利，如果创业者不尊重员工的表达权，员工也就不会尊重创业者的表达权，那么沟通就失去了原有的意义。

沟通、尊重是前提，只有互相尊重的沟通才能达到沟通的目的。沟通中最重要的一点是要以诚相待，建立相互信任的关系。即使员工的建议或者意见不符合公司的利益，创业者也要耐着性子听完，并适时地给予反馈。

（2）创业者要目的明确、表达清晰。

创业者作为沟通的主导方，要会表达自己的想法，对谈话的内容要做到目的明确、表达时准确清晰。在沟通的时候，态度要诚恳，传达的信息要真实可靠，语言要有针对性、准确性、逻辑性和艺术性，要做到语言风格简洁明快、幽默风趣。

创业者在沟通的过程中应尽量避免使用“但是、不行、没必要、必须、一定”等词，这些是带有命令、批评、责备等语气的词语；尽可能地使用不责备、不攻击、少批评等的言辞，更不能恶言伤人。

马云说，愚蠢的人是用嘴来说话；聪明的人是用脑子来说话；智慧的人是用心来说话。创业者要想成功，在表达的时候就要用智慧的语言以真心换忠心。

（3）创业者要制定适当的沟通制度。

通过以上所述，我们认识到了沟通的重要性和一些有效沟通的方式、方法。但是，如果没有激励和约束，沟通就会越来越少，或者沟通的方向有可能从正能量向负能量转换。没有沟通制度，创业者的政策将很难向下实施，员工的意见和建议也很难向上传达。正如古语所说的：“言路不通，则政道不同。”可以这样说，沟通制度是沟通的道路和方向。

所以，创业者要想在团队中养成良好的沟通习惯，并形成规矩，就要制定沟通制度。比如，建立晨会、晚会、周会、月会、季度会、半年会、年会以及其他临时和紧急会议制度等。除了这些正式的团队沟通制度外，创业者还要注重非正式沟通制度的制定。

沟通存在纵向沟通和横向沟通两个方向。在制定沟通制度的时候，不仅要制定沟通的次序，也要注意制定鼓励措施。比如，惠普公司总裁办公室的“不设房门”案例，即如果员工和直属领导的沟通不到位，如好的建议不被采纳或受到不公正待遇，可以越级直接反映，找总裁直接进行沟通。

综上所述，有效的沟通是团队合作必不可少的组成部分。

· 创业修炼 ·

有效沟通是使团队成员力量协同最大化的最佳途径。而对于80后、90后的创业团队来说，要想以传统的命令指挥和服从自律为核心进行团队沟通，显然很困难。创业者唯有视每一个团队成员都是彼此平等的工作伙伴，以集思广益、群策群力为目标组织团队进行有效沟通，才能真正解决创业过程中遇到的问题和挑战。

在团队沟通中，最重要的一点就是坦诚。只要你坦率、真诚地说出自己的想法，一般都会收到回应。然后，就有了良好交流的基础。没有人会喜欢和一个虚伪的人进行交流，如果这个人恰好是他的老板，那就更要回避了。所以，要想促进团队的有效沟通，创业者本身保持一个坦诚的态度很重要。

万通控股董事长冯仑说，不是说“我会说话、你会倾听”就叫沟通。当你语言沟通不够的时候，就用行为来缓解。比如，两个人为一件事情争执，那么一个人出去吃饭，回来的时候为另一个人打包饭回来就是行为，可以让他感觉到对方还是关心他的。所以创业伙伴之间的沟通，需要大家找到统一频道，这就是价值观。实际上就是说，每一次创业的时候，有时候你作为创业者、作为董事长和总经理，你要注意到这些细节。你不注意这些事，只用你自己的方式沟通，那么效果未必好。

五、拥有超强的时间观念

我们见过太多专注于工作而废寝忘食的匠人，也见过更多为了工作而不眠不休的创业者。无数创业者为了自己的梦想、事业、公司努力打拼，不惜把一切时间都投入进去，甚至达到了7×24小时疯狂工作的地步。这种疯狂延伸到团队管理上，就变成了全公司的人都是7×24小时、7×14小时、6×12小时的工作安排。虽然工作时间看起来安排得很紧凑，但大多时候效果并不如想象中那样好，一方面是工作效率较低，另一方面是员工的疲倦和迷茫。

1. 创业团队的时间困扰

对于绝大多数的创业者来说，“没有时间”俨然成了一句口头禅。哪怕是7×24小时工作制，似乎时间还是不够用。那么，时间到底都去哪儿了？

（1）过于自由的工作时间。

有些创业公司为了给团队营造一种轻松、舒服的工作氛围，只给工作时间设定一个大概的范围如周一至周六、早上8点到晚上9点，但并不严格执行。团队成员可以根据自己的状态自由安排具体的工作时间，比如，你也可以从早上10点工作到晚上11点。

当然，这样的工作时间制度，在许多大公司的某些部门同样存在，并且效果不错，但那是建立在完善的制度和流程之上的。对于初创公司来说，这种过于松散的时间管理方式，很容易出现各种问题。

首先，初创公司的团队规模一般都较小，人数在3～5人，基于成本考虑，一般都是一人负责一个领域甚至多个领域。在这种情况下，如果有一个人是早上8点工作到晚上9点，有两个人是早上10点工作到晚上11点，另外还有一个人是下午1点工作到凌晨1点，另外还有一个人是下午6点工作到早上7点，那么，工作协同问题就会随之而来，同时团队工作的意义也就不大了。所以，对于创业团队来说，过于自由的工作时间安排并不合适，它很容易使团队成员失去时间观念和团队协作意识，一切以自我为中心。这对一家初创公司来说，将是一颗可怕的不定时炸弹。

（2）过于严苛的时间制度。

和自由、散漫的时间制度相对的是一些为了拼速度、业绩等的初创公司，它们制定了非常严苛的工作时间制度，如我们在前面提到的7×24小时、7×14小时、6×12小时的工作安排。这种时间制度导致所有团队成员在高强度的工作压力之下，不仅效率低下、健康可能出现问题，甚至连家庭都可能出现问题。

尤其是随着90后、95后进入职场，他们对于人生品质的要求越来越高，工作、事业早已不是他们人生的全部。对于他们来说，享受生活、爱情、亲情、友情是比工作更重要的事。所以，过于严苛的时间制度，很难为创业公司吸引到人才，即使偶尔有为“梦想”而来的，也会因为无法忍受这种高强度的工作压力而被“熬”走。

创业公司为了公司的发展，提升团队在时间上的紧迫感、在工作时间安排上稍微有些压力，是可以理解的。但过于严苛的时间制度就不合适了，即使在创业老板本人，也不需要拿命“熬”事业。有句话叫“身体是革命的本钱”，还有句话叫“休息是为了更好地战斗”。所以，对工作时间进行合理、有序的安排，有效提升单位时间的工作效率，才是创业团队时间管理的关键。

(3) 无效的工作会议和“聊一聊”。

无论是大公司还是小公司，会议似乎都是团队内部沟通最主要的方式，“我在开会”也成了最理所当然的“挂电话借口”。当然，这只是为了说明会议在现实中的重要程度。但是，创业公司真的需要这么多、这么长的会议吗？

很多时候，会议的目的是为了不同岗位、不同部门之间相互交流信息并达成共识，以使接下来的工作更高效、合作更顺畅，这原本是一件很简单的事。但是，很多会议却变成了管理者的“自说自话”，但凡他能想到的事，不管什么会都拿出来说一说。尤其是很多创业公司的老板，认为会议的长度、自己讲话的长度直接和其领导地位成正比，于是，就不停地说一些他觉得“很重要的话”。很多团队成员听得昏昏欲睡，早忘了参加这个会议的最初目的是什么。

这种无效会议会无情地吞噬创业团队大量的宝贵时间。而另一种不易被发现的、与团队成员乐此不疲的沟通方式——聊一聊，甚至比无效会议更可怕。比如，技术人员正在全神贯注地开发产品，眼看就要有突破了，这时销售人员却想和他聊一聊客户最新的要求。于是，技术人员不得不停下手里的工作，和销售人员“聊一聊”。等技术人员再回到工作岗位的时候，却很难再进入专注状态，甚至找不到之前的感觉，一切不得不从头再来。这就是随意性极强的“聊一聊”对创业团队工作效率的拉低。对于大公司来说，这种情况或许难以避免，但对于只有 3 ~5 人的初创公司来说，完全是可以通过有效时间管理实现“免打扰”模式的。

2. 创业团队的时间管理

和个人时间管理不同的是，团队更强调执行和协作。所以，对于创业团队的时间管理，要注意突出执行力文化和团队协作文化。

（1）制定团队所有人员认可的高效时间制度。

无论是为了提升执行力还是团队协作，首先都必须和团队所有成员共同制定一个合理的、大家都认可的工作时间制度。当然，创业者可以和团队所有成员分享对于工作时间安排的想法，然后再听听其他人的想法，大家经过商讨确定一个可以被广泛接受、被彻底贯彻执行的工作时间制度。这样做，可以有效避免团队成员因为“被压榨”而产生的抱怨、倦怠情绪，从而有效提升工作满意度和成就感。

当然，如果你的团队中有人提出一天工作 7 小时、3 休等类似意见，你也不必过于在意，或许只是他还没想好要加入一个创业团队。不过，如果有可能的话，最好还是和普通大众的追求保持一致——5 ×8 小时工作制。

（2）明确权责，合理分配任务。

虽然我们一直在强调初创团队“一个萝卜一个坑”的问题，但不少创业团队依然没有做好分工或分工差异化、阶梯化不明显，所有人都处在“找活干”或者“被活追着跑”的状态。这种状况会直接导致重要的事情没人做、被耽搁，着急的事情被优先处理、无论是否重要的局面出现。最重要的是，还可能出现原本一个人就可以完成的事情，却投入了 2 ~3 个人甚至更多的人去做，花费大量叠加时间成本的问题，团队执行力也会由此大大降低。

所以，要在提升团队时间高效性的基础上，合理分配任务，明确每个人的权责问题。同时，还要建立各司其职的团队文化，尽量避免员工能够独立完成任务却依然求助的情况发生。更要坚决杜绝“要不要一起喝杯咖啡”这样的情况。你必须坚信，一个人花 2 分钟就可以喝完的咖啡，两个人 10 分钟也不一定喝得完。

（3）学会利用软件进行团队沟通和时间管理。

随着移动互联的发展，越来越多的团队管理软件趋于成熟。相对于那些冗长、无效的会议来说，通过软件进行统一目标、安排任务、确定时间、督促进度等要简便得多。毕竟，与会议中长篇累牍的“废话”相比，软件沟通用语要简单、直接得多了。同时，团队成员之间也可以通过软件相互寻求帮助、约定商讨问题的时间等。每个人都可以在自己方便的时候，在团队内部的管理软件上进行提出要求、反馈意见，而不必为了某个不是那么重要的会议停止手中的工作。

（4）专注，80/20 法则。

按照 80/20 法则来说，一个人如果能够高效利用时间，只要投入 20% 的时间就可以产生 80% 的效果；而对于一个无法高效利用时间的人来说，可能投入 80% 的时间也不一定能够产生 20% 的效果。所以，专注对于提高工作效率非常重要。尤其是在一天当中头脑最清晰、工作效率最高的时间段，一定要专注于完成那些“紧急又重要的事情”。

此外，在对工作内容的选择上，也一定要专注。比如，尽可能地把 80% 的时间投入在 20% 的客户身上，而不是不管什么样的客户都投入大量时间。

在时间管理上，“专注”的内涵就是尽可能地避免时间碎片化，这是直接导致工作效率低下的“隐形杀手”。所以，即使创业团队的工作氛围要求轻松、愉快，也要强调在工作过程中尽可能地避免相互打扰，要为对方留一个专注于自己工作的时间。这对于提升创业团队的整体工作效率将会很有帮助。

·创业修炼·

创业是一场马拉松，而不是百米短跑。它更多地比的是耐力，而不是短距离冲刺。所以，即使你以 7×24 小时的强度进行工作，也很难在短时间内获得成功，反而可能会把健康搭进去。而如果你以这种强度要求团队，只会失去人心。这绝对不是一笔划算的买卖。

有些创业者认为，作为一个老板，就应该事无巨细地参与到每件事中去。于是，在工作中，他不是和团队成员“聊一聊”进度，就是直接在团队成员工作的时候“插上一手”，结果不但搞得自己很累，还严重影响到了其他人的正常工作，阻碍了企业的发展。即使是一个创业期的老板，也没必要事必躬亲。组建团队的意义就是为了帮你分担一些你无法完成或者不必由你亲自来完成的工作。你要做的，就是授权，并给予他们能够“专注”完成任务的时间。

六、允许犯错，但不许触犯原则

说到错误，很多创业者会对它抱有一种警惕与害怕的心理，因为大多数的创业失败，都是由一个个的错误累积而导致的。但是，对于创业者来说，创业就是把经验、事业、团队、财富从无到有的创造过程。其中，经验是最大的短板，要想组建一个优秀的团队，是需要整个团队不断磨合、不断创新的。而由于经验的缺乏，在磨合和创新的过程中，团队中难免会出现各种各样的错误。

1. 允许犯错

有一句俗语：“多做多错，少做少错，不做不错。”这句话的意思是，只要你想做事情，错误是在所难免的，除非你什么事情都不做。

爱迪生用了 13 个月时间、6000 多种材料，试验了 7000 多次才发明出了电灯泡。也就是说，爱迪生在发明出电灯泡之前，用错了 6000 多种材料、试错了 7000 多种方法。但是，你能说爱迪生不应该犯这些错误吗？答案是否定的。正是爱迪生的 6000 多种材料和 7000 多次方法的错误，才使得电灯泡得以问世。

(1) 犯错是人才成长的必须经历。

古语说："人非圣贤，孰能无过?"每个人在成长的过程中都会犯错，可以说，犯错是每个人成长过程中必然要经历的。我们从孩童时期的牙牙学语、蹒跚学步，到知道什么事情是危险的、什么事情是安全的，什么该做、什么不该做，这些都是经过犯错才逐渐明白的，而有些错误是成长必须经历的。比如，孩子没有一次次的摔倒，就学不会走路；没有划破过手，就不知道刀是危险物品；没有经历过失去，就不会懂得珍惜……

对于一个团队来说也是同样的道理，没有错误就不会有成长。由于团队成员的性格、背景、经历都各不相同，在团队协作的过程中就更容易犯错。团队是由人组成的，要想让团队成长，首先就必须让人成长起来。作为一个拥有匠人精神的创业者，不能害怕员工犯错，因为员工只有在错误中才能成长，一个不断成长的团队才是企业最大的财富。

李嘉诚是中国企业家的典范。他在管理员工上，信奉两条原则：一则，疑人不用，用人不疑；二则，不拘一格用人才。在用人的过程中，他从来就不怕员工犯错，而是给员工充分发挥的空间。这也是他公司人员流动率低，员工成长快，后备人才充足的原因所在。

他说，作为一个企业家，就要做到"用人不疑，疑人不用"。只要是自己选定的人才，就要敢放手让他们去干，不要怕他们犯错误。一次犯错、两次犯错，不可能永远都犯错。他认为，如果员工犯一次错就被判处"死刑"，就会让员工失去做事的机会，员工不做事就不会成长起来，员工成长不起来企业就会出现人才危机。

他公司里的一位项目经理在谈一个项目合作的时候，由于经验不足和对方发生了争执，导致谈判被迫暂停。这位经理认为自己肯定会被李嘉诚骂。结果，李嘉诚不仅没有批评他，还让他继续跟进这个项目，只是要求他总结一下教训。最后，这位项目经理不仅成功地签下了项目，而且在后来的工作中成绩越来越突出。

李嘉诚曾对他企业的高层管理人员说，任何人对自己的部下犯错误都会感到不痛快，但是这样能解决问题吗？管理人员就应该为自己员工的错误交学费，只有付出代价才会感受深刻，从而减少以后犯错误的概率。

李嘉诚不怕员工犯错、注重员工的成长，成就了他企业人才的可持续发展。一个优秀的创业者，不应该把注意力放在禁止员工犯错上，而是要引导员工在错误中成长。

（2）犯错是创新的伴生物。

泰戈尔说，当你把所有的错误关在门外，真理也就被拒绝了。对于创业者来说，创业本身就是不断试错和持续改进的过程。如果创业者为了自我保护，束手束脚、前怕狼后怕虎，在企业经营的过程中这也不敢、那也不敢，即使机会放在眼前也很难抓住。

同样的道理，如果创业者不允许员工犯错，员工在工作的过程中就会畏首畏尾，如做任何事情都要看一下“说明书”，遇到任何问题都要先请示领导，长此以往，员工就会失去主动性和创造性。那么，即使具有非常强的创新能力的员工，也会在不允许犯错的环境中逐渐变成“绵羊”。

相反地，如果创业者允许员工犯错，员工的主动性和创造性就不会被限制，他们就会敢于尝试一切新鲜的事物。特别是科研人员，他们的科研成果都是在不断的犯错中发明创造出来的。可以说，世界上很多的产品都是科研时因为犯错意外发现的。比如，世界销量第一的碳酸饮料可口可乐，就是因为研究人员在研制止咳糖浆的时候意外产生的。当时，美国的一名科研人员准备研制一款治疗咳嗽的糖浆，当他把准备好的原料进行混合时，一不小心把原本用来调制糖浆的白开水用成了苏打水，可乐由此诞生。

综上所述，当一个团队被禁止犯错的时候，这个团队将会失去激情、活力和创造力。所以，创业者要想打造一个优秀的团队，就要允许自己的团队犯错。

2. 不能触犯红线

允许犯错并不是指什么样的错误都可以犯，也不是说同样的错误可以重复地犯。允许犯错中的“错”是指不影响团队整体战略方向、不会导致团队灭亡的错误。

其实，经营一家企业或者带领一个团队，和经营一场婚姻有相似之处，即都有着一些不能触碰的底线。允许犯错不代表纵容犯错，宽容也要有个底线，正所谓“无规矩不成方圆”。

(1) 团队核心价值不能触犯。

对于一个创业团队来说，相同的价值观是创业的基础。团队价值观是一个团队的灵魂所在，直接影响着团队的行为和思想，团队价值观一旦出现问题，将会给团队带来灾难性的后果。作为一个创业者，是坚决不能允许团队成员出现违反价值观底线的错误的。

作为中国互联网商业平台巨头的阿里巴巴公司对于违反核心价值的错误是坚决不能容忍的。

2009—2010 年，阿里巴巴 B2B 直销团队中的一些员工，为了追求高业绩、高收入，故意或者因疏忽导致了 2326 家涉嫌欺诈的供应商加入了阿里巴巴平台。

针对这样的违反阿里巴巴价值观的错误，阿里巴巴董事会非常重视，专门成立了调查小组进行调查。经查实，直销团队中有近百名员工涉嫌其中，虽然他们即刻采取了补救措施，但是，马云还是坚持认为，这样的行为已经触犯了商业诚信原则和公司的价值观底线，遂要求 B2B 直销团队必须吸取足够的教训。

最后，阿里巴巴对涉案员工做出了非常严厉的处罚，查处违规员工 27 人，将员工 6 人、外包人员 3 人移送司法机关；即使是曾经为阿里巴巴发展做出巨大贡献的 B2B 公司 CEO 卫视哲和 COO 李旭晖也未能幸免，均被免职。

正是阿里巴巴对于腐败、不诚信等与团队价值观相违背的行为的苛刻，阿里巴巴的团队才能从“十八罗汉”发展到目前两万余人的规模。

古语有云：“人心齐，泰山移。”坚守价值观底线不触犯正是“人心齐”的保障、“泰山移”的前提条件。曾被评为中国十大经济年度人物之一的远东控股集团董事局主席蒋锡培也曾发表过关于禁止员工犯原则性错误时的言论：起初，团队里“坏苹果”的破坏力也许微不足道，但倘若不采取任何措施来预防、隔离、挽救，“好苹果”也会跟着变坏。这毫无疑问会摧毁整个团队的战斗力，使之不堪一击。千里之堤，溃于蚁穴。不要为明天种下祸根。

（2）不能一错再错。

知错能改，善莫大焉。对于创业型的团队来说，犯错是难免的。但是，如果犯错后不能总结教训，不能做到知错能改，团队是很难发展壮大的。而一个知错能改的团队，必然会走向成功。

很多创业失败的公司，都是因为一个个小的错误没有得到改正，然后积水成流，最终被冲垮。

小李开了一家酒店，开始的时候，团队人员都比较齐心，饭菜的质量和服务都好，酒店的生意也越来越好。

但在团队协同工作的过程中，一些小摩擦也随之出现。特别是小李的小舅子，他是一个非常爱出风头、爱招惹是非的人，几乎每一次小摩擦都有他的份儿。开始的时候小李认为这些都是小事，小舅子犯的错误基本上都是没有触碰原则的小错。

由于小李的纵容，他小舅子犯错的频率越来越高，而且大多都是因为语言刁钻刻薄、行为乖张。渐渐地，小李的小舅子把后厨和前台的人基本都得罪光了。员工们认为，小李对其小舅子太纵容、处事不公，于是心中的埋怨也越积越深。最终，和小李一起创业的主厨和大堂经理相继退出，很多优秀的员工也随之辞职离开了。

上述案例就是因为小李没有重视小的错误，纵容其小舅子一错再错，错误的累积导致优秀的团队成员各奔东西。

在团队中建立“允许犯错”的文化，有利于推动创业团队的快速成长，但同时，没有底线的错误一定是致命的。所以，在“允许犯错”的同时，还要设定绝对不能触犯的原则。

·创业修炼·

本田汽车创始人本田宗一郎说，他经常对年轻的员工说，如果公司里那些因循守旧的前辈夸你是好员工，你千万别感到高兴，因为那说明，你这辈子很难超越他们了！那种只会察言观色、跟在上司后面点头哈腰的人，在日新月异的现代社会已经没有发展了。不要害怕上司的责怪，要拿出年轻人应有的勇气，不断积累各种经验、开阔视野。即使犯了错，只要你认为自己的行动是正义的，是对将来有益的，那么周围人也会因为你的年轻而原谅你。这是年轻人的特权，千万不要浪费了！

虽然犯错是成长的必经阶段，但是对于企业来说，必须在员工心中建立错误的底线。否则，很容易使犯错这个概念走向另一个极端——没人在乎犯错的代价，没人敬畏制度和法律。如果这些错误是企业内部的，企业还可以自主承担，但如果触犯到法律，甚至危害到社会，那就绝不是企业可以担当得起的了。所以，创业者在团队中建立“允许犯错”的文化的同时，也要明确划出底线和原则。

七、建立“懂尊重”的团队文化

在真正的匠人工作团队中，每个人都保持着对工作的敬畏和尊重，同时也保持着对同事的尊重。这种尊重使他们不仅对自己负责，也对同事负责。因为每个人都有自己的尊严，而且，大家在为同一件工作负责。这种懂得并且践行着相互尊重彼此的团队文化，大大提高了团队的协作性和凝聚力。

在日本根岸康雄所著的《工匠精神》一书中，有关于创立于2000

年的MASAKI ENVEC股份公司的创始人健次和理惠夫妻二人，以改善环境为出发点而开发用于屋顶绿化的特殊土壤的介绍。当然，这个开发的过程充满了艰辛，同时也充斥着一个匠人对于梦想和极致的追求。我们想说的是，产品开发出来之后，健次和理惠开始了真正意义上的创业。遗憾的是，梦想刚刚起航，健次就被查出得了癌症，尽管他以顽强的毅力与癌症抗争，但仍然不幸在2008年11月去世。一个充满梦想、充满干劲、充满希望的创业公司的创始人去世了，在很多人看来，即使这家公司不倒闭，那个初建的团队也会因此而解散。

健次去世后，其妻子理惠就任了公司的社长。面对茫然失措的员工，理惠只做了一件事——要求公司员工不再以职位来称呼人。员工们相互称呼对方的名字，承认与接纳彼此的人格，相互商谈、相互帮助。之后公司将紧紧地抱成一团，就算产品开发推动力有所降低，也要在公司所擅长的节能方面随机应变地继续前进。

根岸康雄在书中介绍说，MASAKI ENVEC股份公司的业务已经取得了新的进展——和巴西企业签订了许可合同，改良的“水清”也做好了量产化的准备。故事还在继续，而演绎故事的主角不再是那个有梦想、有激情、有追求的健次，而是一个成员之间相互尊重、彼此接纳、相互商谈、相互帮助地抱成一团的团队。

1. 尊重，是团队精神的基础

什么是团队精神？就是所有团队成员为了一个共同的目标而一起协作、奋斗的精神。有了这份精神，团队才能称为团队，否则，就只能算是“团伙”。团队精神并不是要求团队成员为了集体利益而牺牲自我，相反地，它是让每个团队成员都尽可能地发挥自己的优势，并尊重他人的优势和成就，彼此互补、协作，以完成团队的最终目标。由此可见，尊重是团队精神的基础。

尊重是指团队成员之间的一种没有地位、资历高低之分的平等的态度。而这里提到的平等，又不包括每个人的性格、优势等。团队成员首先要懂得尊重他人的个性、欣赏他人的优势，然后还要追求自我的发展、实现自我的价值，最后才能成为一个有着职位高低、资历深浅之分的职业人。

每个人心中都有对尊重的渴望，都有被尊重的需要，不论其学历高低、职位高低、资历深浅、能力强弱。“懂尊重”的含义首先是指尊重他人的人格、个性、感觉、需求、意见、差异、成就、发展等。如果在一个团队中，能够建立这种彼此之间“懂得尊重”的文化，让团队成员学会理解、宽容他人，团队氛围会变得更加融洽。而团队内部融洽的氛围，往往是提升团队凝聚力的重要条件。

“己所不欲，勿施于人”是尊重的最直接表现。如果你自己不愿意加班，就没有理由和权利去要求其他人加班；你不喜欢别人对自己的工作指手画脚，就不应该试图以居高临下的态度“指导”他人的工作。

此外，尊重还表现在对他人价值的认可，学会欣赏他人的贡献。那些钩心斗角的“办公室政治”对于初创团队来说，简直是致命的打击。当团队中的每个人都把其他人当成假想敌，对他人的突出表现不是欣赏而是嫉妒，那么，即使有巨大的利益诱惑，也无法使两个心存芥蒂的人真心地在一起协同工作、彼此帮衬。所以，“懂尊重”的团队文化，必须是让团队成员学会欣赏他人的成就和优势，明白所有人都是在为团队在做贡献，团队的强大就是个人的强大。

最后，懂得彼此尊重的团队，其成员会选择始终信任自己的团队、自己的领导以及自己的伙伴。缺少信任的合作，就像是一句空话，绝对没有实现的可能。被广泛应用于团队协作训练的“背摔”游戏，就是一种帮助团队成员建立相互信任关系的手段。

在当前社会，竞争压力越来越大，任何一个团队要想建立自己的核心竞争力，首先内部成员之间必须相互信任。唯有如此，大家才会对团队的梦想认同、对团队的伙伴依赖，才能共同面对困难、共同成长，直到成功。尤其是对于创业团队来说，每个人都承担着无法想象的压力，而相对于对自己工作完全不了解的亲人、朋友来说，团队中的伙伴是最能理解这份压力、分享成长喜悦的人。对其他团队成员的信任，能使每个人都愿意主动付出，并且坚信自己的努力有人看到、有人懂。如果团队成员之间没有建立以尊重为基础的信任，这样的交流就很难发生，团队的凝聚力也就不会强大。

2. 老板是“懂尊重”文化的核心

即使很多创业者意识到尊重对于团队凝聚力的重要性，但依然无法做到，甚至，他们所采取的那些措施，反而让团队成员之间失去信任。他们无法无视某个下属“举报”另一个下属“干私活儿”的邮件，同样无法对业绩突出的业务员和业绩倒数第一的业务员保持同样的笑脸。的确，这是人性的弱点，也是正常的表现。但是，这些细节的背后恰恰就是对“尊重”的违背。有句话说“上梁不正下梁歪”，如果公司老板自己都没办法做到尊重每一个员工，又如何去建立“懂尊重”的团队文化呢?

所以，老板才是“懂尊重”团队文化的缔造者，是团队相互尊重、相互欣赏、相互信任和谐氛围的创造者。只有老板先做到尊重，下属才会在这种氛围的熏陶之下和谐相处、通力合作。

在 MASAKI ENVEC 股份公司的创始人健次去世之后，他的妻子理惠接任公司社长一职之后，做的第一件事就是“要求公司员工不再以职位来称呼人”，建立了一种平等、尊重的氛围。

在我国，“官本位”的思想根深蒂固。很多创业者面对自己的创业团队时，大多以“老板”自居，而不是把团队成员当成自己的创业合作伙伴。事实上，对于创业者来说，搭建团队的主要目的就是为了寻找“同路人”，而不是下属。

其次，在很多创业公司，团队成员都以“加班”的形式来体现自己的价值。如果确实是因为工作没有做完而主动加班，自然无可厚非。但是，如果一个公司中绝大多数的员工下班后即使没有事情可做，也要等老板下班后才走，那肯定就是因为这个老板喜欢加班的员工。事实上，对于创业团队来说，尊重每一个人在时间上的个性需求，是确保团队成员更加认可团队、以高效率的工作状态做出贡献的重要前提。

此外，身为管理者，必须以身作则，建立尊重和包容差异的团队文化。如果创业者仅凭个人喜好来选择合作者，那么这个团队的内部将很难出现优势互补的局面。对于创业团队来说，没有多余的资金放在同一份工作上来养着两个水平相当的职员，不同岗位需要不同的人才，可谓是“一个萝卜一个坑”。在这种情况下，尊重拥有各种背景、性格、能力、资源的人加入自己的团队，显得尤为重要。而要想让这些人和谐共处，作为领导的创业者就要克服自己的偏见，尊重、包容每个人的差异。

最后，要尊重团队中每一个人的发言权并维护他们的尊严。杰克·韦尔奇在其著作《赢》中强调了这样的观点：世界上的每一个人都想得到发言权和尊严，而且也应当得到。他认为，发言权是指人们希望有机会说出他们的思想，拥有自己的观点、看法，获得被倾听的感受，无论他们的国籍、性别、年龄或者文化背景如何；尊严是指人们本能地和自发地希望因自己的工作能力、努力和个性而得到尊重。然而，杰克·韦尔奇在书中同样提到了，在中国“只有老板才有发言权”这一令人悲伤的企业文化。

如果你也认为杰克·韦尔奇是一个非常伟大的企业家，那么，请听从他的建议：尊重团队中每一个人的发言权并维护他们的尊严——认真聆听他们的意见，即使那个意见在你看来没有任何实际意义。同时，关注并赞扬团队每一个成员的贡献和成长，肯定他们的努力，这对你来说，绝对不是坏事。

·创业修炼·

在创业团队中，领导力的关键更多在于领导者的个人魅力。就我国的创业团队来说，团队领导者的个人魅力甚至比管理技能更为重要。而一个值得团队成员永远追随的领导者，首先必须是一个尊重人才的领导者。

古语有云：“君子敬而无失，与人恭而有礼。”意思是说，真正懂得尊重别人的君子才能换来别人的尊重。尊重使得人和人在相处的过程中能够主动了解、理解他人的感受，主动为他人着想。如果在一个团队中，人人都能够“懂尊重”，必然能够有效化解矛盾，大大提升团队的凝聚力和执行力。

八、把人的潜力发挥得淋漓尽致

同样的一堆木头，可以化为灰烬，也可以做成家具。化为灰烬的木头是因为人们仅仅利用了它最基本的功能，而被做成家具的木头是因为人们发掘出了它的潜力。对于一个团队而言也是同样的道理，可以碌碌无为，也可以成就大业，关键是团队中每一个人的能力和潜力是否都被激发出来了。

一个人的潜能是无限的，一个团队的潜能也是无限的。对于一个创业团队来说，创业者如果能把团队中每个人的潜力都激发出来，使其发挥到极致，那么这个团队必将成就大业。

（1）尊重为前提。

被尊重和吃饭、睡觉一样，是人类最基本的需求之一。所以，在团队的管理中，尊重是至关重要的，只有懂得尊重且成员间真正做到互相尊重的团队才能和谐地发展下去。

科学家做过一个试验，当一个人在被尊重、被认可的环境中工作的时候，工作效率会有很大的提升，工作热情和创新能力也会相应提高。一个团队如果充满尊重和被尊重的氛围，团队的工作效率和工作能力也会得到很大的提升。

常言道：“己所不欲，勿施于人。”创业者作为团队的管理者，首先要做好榜样，学会尊重自己的员工。尊重的具体体现，就是对员工热情的帮助、充分的肯定、不吝啬赞美的语言，主动的关心……比如，当员工出色地完成一项任务的时候，管理者要对员工做出的贡献给予充分的肯定，并表示自己的感谢；当员工遇到困难的时候，管理者要给予鼓励，让员工相信自己能够做好。

（2）赋予信念。

信念是意志行为的基础，是精神的寄托，是人的认识、情感、意志的统一。信念可以说是一种认知，因此成功的信念就是对成功的认知。坚定的信念往往也伴随着一往无前的情感，它能使人具有积极主动性。信念的力量可以使人意志坚强、行为果决，而且始终不渝。可以说，信念是稳定、执着的代名词。

如果一个团队富有某种坚定的信念，那么即使遇到苦难、挫折、失败，它也会充满着激情，坚定不移地朝着目标前进，甚至超越期望。

有这样一个故事：有一年，一支英国探险队来到了撒哈拉沙漠中的某个地区，在茫茫的沙海里负重跋涉。阳光下，漫天飞舞的沙粒像炒红的铁砂一般，打在探险队员的脸上。大家的水都没有了，口渴似炙，心急如焚。整个探险队陷入了绝望的境地，每个成员都看不到活着的希望，都认为到达目的地已经是不可能的事情。

这时，探险队长拿出一只水壶，说："这里还有一壶水，但走出沙漠前，谁也不能喝。"水壶在队员手中传递，那沉甸甸的感觉使队员们绝望的脸上，显露出坚定的神色。一壶水，成了大家穿越沙漠信念的源泉、求生所寄托的目标。最终，探险队顽强地走出了沙漠，摆脱了死神，大家喜极而泣，当他们用颤抖的手拧开那支撑他们精神和信念的水壶——缓缓流出来的，竟然是满满的一壶沙。

这个故事告诉我们，信念对于一个团队来说是多么的重要。探险队正是靠着还剩下一壶水的信念走出了茫茫的沙漠。

（3）充分授权。

团队从来都不是表现个人英雄主义的地方，团队最重要的是团结合作、各司其职。如果创业者把决策权都集中在自己的手中，员工就会失去责任感。一旦不能做到各司其职，就会发生工作上面的混乱。

在团队的工作中，即使管理者的能力再突出，也不可能把所有的工作都揽到自己身上。如果一个团队管理者的决策权过于集中，工作事必躬亲、事无巨细，最后不是管理者累死就是员工失去工作激情、成为听命行事的机器。

一个管理者的成功并不算是一个团队也能成功，只有团队成员都成功了，管理者才算真正成功了。授权的真正意义不仅仅是为了分担管理者的工作，最主要的是对员工的培养，也是对员工的信任和激励。

当管理者对员工充分授权的时候，员工得到的不仅仅是权力，更多的是责任和荣誉。一个人一旦拥有了责任和荣誉，就会更加珍惜自己的工作，工作的激情和主观能动性就会随之被调动起来。美国著名的管理行为学家布利斯曾说，一位好的经理就是在他的助手脸上总有一副烦忧的面孔。

（4）人尽其用。

一个优秀的团队，肯定是每个成员都能够发挥自己的优势。也就是说，合适的人才要放在合适的位置上。

一个团队要想人尽其用，首先要对团队成员做一番充分的了解，包括能力、爱好、习惯等。如果一个员工的兴趣、爱好不在于此，他的能力再强，在工作上也很难做出成绩的。比如，你非要把一个性格内向、喜欢钻研的科研人员放在市场部的位置上，他就会失去工作的积极性，他的能力也发挥不出来。

其次，在最佳的时机选用最佳的人。在团队成员没有能力或者能力不足以担任某项工作的时候，管理者要当机立断、临危换帅。有人说，这是一种不公平的行为，其实对于团队来说，在合适的时间、地点，用合适的人才是最公平的。因为，团队要求的是协同作战，最终的目标不是个人取得成绩，而是完成团队目标。

最后，把合适的人放在合适的位置，在团队中也可以起到竞争激励的作用。团队的管理中，要给优秀员工提供上升的机会。一个团队，只有员工不断地追求进取，这个团队才能健康地发展下去。

（5）完善激励。

激励是激发团队潜力的诱导因素。有效的激励可以使员工的物质和精神都得到满足，从而产生心态上的改变。激励最大的作用是激发员工的工作动机，包括调动员工的积极性和创造性等。有研究表明，员工只需要发挥20%左右的能力就能应付日常工作，但是如果给予充分的激励，员工就会拿出80%左右的能力主动工作。这说明有效的激励可以激发员工4倍左右的潜力。

激励分为物质激励和精神激励。物质激励是指以奖金、奖品等物质形式对员工的一种激励手段。物质激励最重要的原则是遵循“按劳分配，多劳多得”的薪酬体系，也就是说员工的收入要与工作量和贡献成正比。这样，员工就会意识到，要想获得更高的收入，就需要投入更多的精力到工作中去，员工的积极性和潜能就会得到开发。

精神激励是指表扬、荣誉等精神层面上对员工的一种激励手段。世界上没有任何一个人不希望得到别人的认可，每个人都希望在自己的生活、工作圈子里获得荣誉、得到地位。对于一个团队来说也是一样，员工也希望在工作岗位上体现自己的价值、实现自己的梦想。

激励制度的最根本目的是以结果为导向，让员工付出自己最大的努力，把潜力发挥到极致。可以说，激励是团队发展的“加油站”。

（6）注重学习。

一个人的学习能力，决定这个人的发展潜力。一个团队的学习能力，决定这个团队的发展潜力。所以，团队要想让每个人的潜力都发挥得淋漓尽致，就需要从学习开始。

学习，并不是让你把别人的东西拿来就用，而是培养一种素养和一种能力。学习不仅可以获得知识，还可以培养一个人的心境。

学习可以拓宽人的视野。《庄子》曰：“井蛙不可语于海，拘于虚也。”意思是说，井底之蛙之所以认为天地只有井口那么大，是因为它常年生活在井中，被井口所局限，所以才看不见天地的广阔。这里说的“井口”如果运用到人的身上，就是知识和眼界。人的潜力有的时候连自己都很难发现，如果不学习，我们永远都不知道自己还能做什么。

学习还有一个功能是让人平静下来。员工可以从学习中明白很多的道理，消除很多的迷茫。通过学习，员工可以知道原来事情还可以这样做，别人比我更加优秀的原因原来是这样……

总之，团队的管理者要想激发员工的潜力，不仅要从自身做起，给予员工充分的尊重，赋予团队坚定的信念；还要建立激励制度和学习机制，充分地信任员工，做到人尽其才，最终齐心协力实现团队的目标和梦想。

·创业修炼·

员工的潜力是无穷的，活力是无限的。创业者要把激励、开发员工潜能当成管理的日常工作，制定激发员工潜力的制度，把员工潜力的激发上升到企业经营管理的战略高度。

挖掘员工的潜力不仅仅能给企业带来效益，这也是一件双赢的事情，员工实现个人价值的同时也会得到相对应的高回报。

在挖掘员工潜力的时候，创业者要得到员工的配合，不仅要注意方式方法的合理性和针对性，还要建立有效的激励制度。这样，创业者挖掘员工潜力时就既能满足员工的物质和精神需求，又能体现出企业的人文关怀，使员工工作起来达到事半功倍的效果。

第五章

信念：不忘初心，和未来“死磕”

凭着一股冲动踏上创业之路并不难，难的是，当你遇到一些苦难或者取得一些成就的时候，依然能够保持初心，并始终如一地走下去，不动摇、不懈怠。几乎每一个最终取得成功的创业者，都具有这样坚定的信念。

一、坚守梦想，专注梦想

六小龄童的首部自传《行者》一书的腰封上写着——苦练72变，笑对81难，一生做好一件事足矣。作为一个艺术上的匠人，六小龄童以一种对孙悟空"专注而痴迷"的态度向我们诠释着一种别样的成功。对于《行者》腰封上的那句话，六小龄童解释说，苦练72变说的是一个人的本事，要用心做到最好，那是立身之本；笑对81难，是处事方法，我们人生多多少少都会遇到一些困难，要去面对它、解决它。

六小龄童用这样简单的一句话概括了自己一生专注于一项事业的信念——把事情做到最好，笑对困难，坚守事业。

许多创业者总是抱怨创业太艰难、很难成功，然后，却向别人炫耀：我有五家公司——一家网络公司、一家传媒公司、一家婚庆公司、一家物流公司、一家工厂，这几个公司相得益彰、相互补充。比如，我的工厂需要做宣传，那就可以用我的网络公司做网站、用我的传媒公司做广告、用我的婚庆公司做活动，当然了，运货这样的事也还是自己的物流公司更靠谱，肥水不流外人田嘛。听起来，这真是一个做着大事业的大老板。但是，当你再进一步问他："你哪家公司做得最成功？能在行业中居于领先地位或者业绩遥遥领先？"他只会长叹一口气说："哎！别提了，这五家公司，都是勉强支撑着，没一家能出头的。"这就是现在很多创业者的现状，总以为多挖几口井就能多一些水喝，结果却是每口井都挖不深，水不多。

我们反复强调，任何一个人的时间和精力都是有限的。在这有限的生命里，能够专注地做好一件事已属不易。像那种在创业路上同时选择几个完全不同方向的行业，或者进入一个行业没几天就觉得太难做不好、转而去做别的行业的创业者，他们朝三暮四且缺乏坚守精神，很难取得真正意义上的成功。

蒙牛集团创始人牛根生曾说，一个企业、一个组织、一个团队，如果聚精会神只做一件事，做好的可能性就比较大；如果东也想做，西也想做，不能做到专一、专注、专心、专业，那么，到头来，在每个领域都可能只是个二流角色，弄不好还会沦入三流、末流。这是牛根生作为一个“过来人”，对仍在创业路上挣扎的创业者们的忠告。在充满各种艰难险阻的创业路上，唯有坚持、坚守到底地专注于信念，方能成就一番事业。

1. 对梦想始终保持使命感

使命感是一个人能够不断超越自我的内在力量。一个缺乏使命感的梦想，就如同不含水分的甘蔗，虽有丝丝甜味，却枯燥难挨。在创业路上，多少人因为一点儿挫折，就开始对梦想失去信心和激情，整天纠结于眼前的一点得失，轻易地放下了梦想、事业、团队、伙伴。对于这样的人，我们只能深表遗憾。

> 俞敏洪曾说，人这一辈子活三条命，分别是性命、生命和使命，它们一级比一级更高。首先是“性命”，要能够活下去，其次是“生命”，就是要活得有意义，可以看到对追求生命真谛的不屈努力和坚持。此外，人或多或少都有使命感，使命感是什么？它是你愿意为自己的家庭、社会、国家甚至于全球、全世界做一些真正有意义的事情。

一个富有使命感的梦想，才会成为真正的梦想，才会成为创业者的信仰，激发出创业者内在坚守的力量，使他们不断地向前迈进。而缺乏使命感的创业者，无论有多么聪明、有多好的学识、有怎样出色的团队、有多少创业资金、有多么丰富的人脉资源，都难以有大的作为！因为他们的眼界已经被局限住了，他们将很快被世俗所淹没、为鸡毛蒜皮的小事儿而奔忙、为眼前的利益得失而纠结、烦恼。

胸怀远大梦想、带着使命感去追逐事业的创业者，既不会被眼前的一点胜利冲昏头脑，也不会被暂时的小小失败所吓倒，因为他们的追梦之旅不会为了得到一些短期利益而沾沾自喜。就像那些伟大的匠人一样，因为怀揣着一份使命，因而不会纠结于眼前的利益得失，只专注于做好手上的工作，坚守着内心的一份宁静和坦然。

每一个为了使命感而追梦的创业者，都会为了这份使命感而全力以赴、坚持到底。

PP视频创始人姚欣利用十年的时间，将PP视频从最初只是为了满足同学看世界杯而开发的网络电视直播软件PPLive，打造成拥有3.5亿活跃用户的PP视频聚力传媒。十年的时间，他从一个休学创业的研究生，成长为有1200多名员工的总裁。他用十年的时间，坚守梦想，专注而痴迷。

一位老华侨曾留言说，他一直在国外，从来没看到过春晚，第一次看就是通过PP视频。看到老华侨的留言的那一刻，姚欣觉得自己做的事情非常有意义，也有责任把事情做好。正是这份使命感，使他十年如一日地坚守着当初的梦想——互联网电视直播。

当然，对梦想的坚守之路并不那么顺利，姚欣也曾遇到过诱惑、挫折和困难。2008年，金融危机使PP视频的很多广告主不再继续投放广告，姚欣公司的收入锐减，最后甚至到了只够发三个月工资的地步。然而，面对困境，姚欣和他的团队依然选择了坚守，不抛弃、不放弃。正是这股激情和坚韧，才帮助姚欣和他的团队挺过难关，走到了今天。

回顾十余年的创业之路，姚欣依然坚守着当初的梦想——通过自己在视频科技领域的创新来改变人们的生活方式，进而改变世界。他说，靠利益驱动一时的发展，不能成为伟大的企业，使命感改变了他的生活，也改变了他们这一代人的生活。

在一无所有的时候，有梦想并不难，难的是在遇到困境的时候、在有所成就的时候，依然能够坚守最初的梦想，且绝不动摇。这份坚韧和专注的背后，正是强烈使命感的推动。十年坚持做一件事，不容易；下定决心在这条路上继续走下去，更不容易。

洛克菲勒说过，要永远记得，构建伟大的梦想不一定比构建渺小的梦想花费你更多的时间和精力，而它却会带给你更多的回报。无论到何时，都请为你的梦想注入使命感，并带着这份使命感，一直坚守着最初的梦想，它将会带给你意想不到的收获。

2. 不要辜负你的生命

创业从来就不是一件容易的事。创业路上有太多的艰辛和无奈，谁都想坚守着最初的梦想一路前行，但现实中却有太多的限定条件阻碍我们前进的脚步！创业就是这样一段高低不平、充满坎坷的旅途，有迷茫的恐惧、有失败的忧伤，也有成功的喜悦。它们交替出现，演绎出创业的乐章。创业者就是在这样的乐章中不断成长、成熟，最终走向成功。

但也有很多创业者在这充满诱惑的乐章中迷失了方向，放弃了追逐和奋斗——辜负了那个曾经为了梦想而充满激情的自己，更辜负了那个为了追逐梦想而努力拼搏的自己，更辜负了自己曾经因为梦想而璀璨、鲜活的生命。

一个为坚守梦想而专注痴迷的创业者，是看不到磨难、失败和挫折的，因为在他的眼中，只有梦想。

一个曾经在张学友的音乐剧《雪狼湖》中担任女主角的姑娘，一个曾经用舞姿和歌声惊艳了歌神、惊艳了舞台的姑娘，一个心中怀揣着关于舞台梦想的姑娘，却因为一场病，终止了刚刚上路的事业。

这个姑娘叫王若卉。

如果没有患上甲亢——一种会让她的心跳比普通人快两倍的病，

她的事业将会是另一种模样。当时，她刚刚因出演《雪狼湖》被张学友重点介绍给歌迷，在舞台上收获了无数的掌声和鲜花。但是，甲亢却让她不能唱歌也不能跳舞，因为患上这种病不能做剧烈的运动。

王若卉却并没有就此妥协，她知道，如果就这样放弃唱歌、跳舞，她的生命将永远失去光彩，而她不能辜负自己的生命。于是，她坚持地跳下去，哪怕是一天只能跳一个小时。

尽管她如此坚持，命运之神也并没有多么眷顾她。甲亢使她的身体开始变形，脸型和声音也发生了巨大的变化。看着镜子中自己那曾经如花的容颜一点一点地变得臃肿甚至丑陋，她想过放弃。最终她宁可拉上窗帘，即使在黑暗中也要坚守梦想。

这样一个姑娘，在和病魔对抗三年之后，在失去美丽容颜和曾经天籁般的声音之后，再次登上了舞台，以一曲《我用所有报答爱》向世界呐喊、向梦想挥舞双臂：只为一支歌，血染红寂寞；只为一场梦，摔碎了山河……这一次，她没有歌神守护，没有动人的容颜、舞姿和歌声，却依然赢得了热烈的掌声。

王若卉以对梦想的坚守，点亮了自己的生命。很多创业者会问，如果我坚守梦想，要付出极大的代价，那我还要不要继续坚守呢？提出这个问题的创业者一定没有想过，坚守梦想，需要付出代价吗？那只是一件你觉得一定要做、非做不可的事。就像王若卉那样，如果不去做，就会辜负自己的生命。只有真正到了这个地步，你才能说，那是我的梦想。

所以，不要为自己没能坚持到底而寻找任何理由。在我们短暂的生命中，能够让你一生难忘的，也只有那些一心一意为了一件事而坚持努力奋斗的日子。哪怕最终没能成功，只是那份专注和痴迷，也足以值得你骄傲地和世界说：我来过了！

·创业修炼·

有梦想，就要坚守到底。即使很多人和你说不可能实现，即使你已经遭遇了难以承受的打击，也不应该有所动摇，更不能就此放弃。创业就是要在顺境中学会感恩、体会幸福，在逆境中学会成长和坚强！只有坚守梦想，你的生命才会更加精彩！

现实中不乏创业一两年就成功的人，但更多的则是三年五载、甚至十年八载仍在失败中挣扎的创业者。能够让梦想照进现实的唯一路径，就是坚持的信念。唯有不怕失败、不怕付出、敢于进取的人，才能最终赢得成功。而那些在失败中选择了放弃、半途而废的人，将永远和成功无缘。

二、不畏失败的勇气

梦想和恐惧，是始终伴随创业者的两股强大力量。梦想是创业的最初动力，也是能够激发出创业者潜力的强大力量，但很多时候创业者却会被心中的恐惧所淹没。几乎每一个创业者都曾有过半夜被心中的恐惧惊醒的经历。在梦想尚未起航的时候，他们恐惧着未来的日子就这样一直平庸地过下去，梦想就这样被现实所掩盖；梦想起航之后，他们恐惧失败；当梦想已经初见光明的时候，他们恐惧“有所得，必有所失”……恐惧就这样时刻缠绕在心头，攫取着创业者心中的勇气和斗志。

1. 失败没什么大不了

很多创业者因为害怕失败而不敢踏出追求梦想的步伐。事实上，恐惧是人类与生俱来的情感。我们从一出生，就对这个陌生的世界充满了恐惧，所以我们用哭声来宣泄这份恐惧。当我们渐渐长大，开始有了梦想、有了追求、有了期待，对失败的恐惧逐渐成为我们内心深处最大的恐惧之一。因为对成功的渴望过于强烈，绝大多数的创业者对失败更加难以接受。在面对可能存在的失败时，他们畏首畏尾，甚至为此逃避一切没有必要的事情和责任。而这样的态度，反而使他们离成功越来越远、离失败越来越近。

ZocDoc 公司[①]创始人兼 CEO 塞卢斯·玛索乌米曾在接受《财富》杂志采访时说，在 ZocDoc 之前，他曾经创建过一家名叫“OneSizeTooSmall”的公司。这家公司似乎具备了一切成功因素。它有一支非常敬业、非常有才华的团队，一批备受瞩目的董事会成员，同时也不缺资本。但当电子商务行业崩溃的时候，这家公司也未能幸免。他并不认为这是经济大势导致的，所以他静下心来吸取一路走来所犯下的种种错误的教训。他在创建 ZocDoc 时采取的许多措施都源自这些重要的教训。

由此可见，作为创业者必须明白：失败没什么大不了。尤其是对于初次尝试创业的年轻人来说，失败未必不是一件好事，因为终于找到了可以改进的方向。

一个人在成功的时候，要发现自己的价值、接纳自己是很容易的事。但是，当他失败的时候，往往就会陷入否定自己的恐惧中。事实上，任何人在失败面前都只有两条路可以选择：一条路是就此沉沦下去，在失败和否定自我的恐惧中，彻底失去站起来的勇气；另一条路是吸取失败的教训，并点燃“下一次非成功不可”的勇气。对于那些敢于战胜内心恐惧、选择第二条路的人，往往就已经在失败中获得了真正的智慧——可以失败，但也拥有接纳失败的勇气。当你能够接纳自己、接纳自己的失败时，你本身就已经变得比“失败”更强大。当你在失败中千锤百炼，一次比一次更快地站起来，你将不再会被失败轻易击倒。

实际上，当你有了不畏惧失败的恐惧的勇气，你就已经掌握了成功的秘诀。

2. 失败能够激发你的潜力

美国曾有学者根据其研究成果表示，普通人只被开发了他本身蕴藏能力的 1/10，与应当取得的成就相比较，我们不过是半醒着的。而一个人在

① ZocDoc：成立于 2007 年，是一个在线医生预约平台，旨在帮助病人通过移动设备在网上寻找和预约医生。公司总部设在纽约。

顺风顺水的时候，往往很难有所突破，更不可能将蕴藏的潜能开发出来，因为不需要潜能你就已经取得成功了。尤其是在创业路上，太过顺利反而让我们失去斗志、失去对梦想的激情。

相反地，那些从踏出创业第一步就遭遇了无数失败和挫折的创业者们，反而因为这些阻碍而变得更加斗志昂扬，他们会想尽一切办法去追求成功。就像那些真正做出绝世精品的匠人一样，那些他们不假思索就能找到答案的作品创意，往往到最后都很难有所成就。相反地，那些让他们绞尽脑汁，甚至反复考量、尝试，不断寻求新的创意的作品，才能真正赢得世人的瞩目。

爱迪生曾经说，如果我们做出所有我们能做的事情，我们毫无疑问地会使我们自己大吃一惊。创业路上，你是否已经做出所有你能做的事情？你是否曾经让自己大吃一惊？当你遭遇困境的时候，你是彻底被击垮、一蹶不振，还是被点燃激情，立即开始思考有没有其他更好的办法？

创业路上总是充满各种意外，这些意外看似很小，却常常决定最终的成败。而如何面对、处理这些意外，则会直接决定成败。

有这样一个姑娘，她有一个做皮包设计师的梦想，但她的家庭条件不允许，她也没有出色的学历和经历。在很多人看来，她要成为顶尖的皮包设计师几乎是不可能的。

但她还是毅然踏上了寻梦之旅。她先从为一些小的皮包批发店做设计开始，慢慢积累经验。一次偶然，她获得了进入品牌皮包公司做设计师的机会。在那里，虽然她很努力、勤奋、踏实地工作，却还是因为学历问题被同事排挤。

最终，她选择了自己创业。她筹集资金，再通过技术入股的方式吸纳了一些和她有同样梦想的年轻设计师，准备大干一场。公司起步时，他们遇到了资金匮乏、办公环境过于简陋、拥挤等问题，他们都一一克服了，之后就进入了紧张的设计阶段。经过几十个不眠之夜的奋斗，他们终于设计出了符合自己品牌定位和预期的产品。然而，就在他们兴奋地寻找代加工的工厂时，却遭到了厂商的拒绝。设计师们都很失望。如果没有人把这些设计做出来，这些皮包就只是一张张设计图，再漂亮又如何？但是，这个姑娘并没有因此退缩，她靠着两条腿，走遍了几乎所有的皮包代加工厂，终于找到了一家技术不错、名气却不大的小加工厂。最终皮包生产出来了，离成功只差一个“发布会”的距离。

虽然，他们的发布会和一个大品牌皮包的发布会赶在了同一天，但是姑娘依然采取差异化营销的方式，对发布会进行了重新策划，期待有更好的效果。所有人都在为发布会忙碌着，待一切都准备完善时，发布会的场地方却临时告诉他们：因为工作人员的疏忽，场地早在半年前就被别人预订了。所以，他们要么更换发布会的地点，要么更换发布会的时间。

本来只需要“临门一脚”，就能够取得阶段性的胜利，现在却被人硬生生拦下，这真是晴天霹雳般的打击。但是，姑娘依然没有放弃。她经过反复思考，最终选择在和他们同一天发布新产品的大品牌所在酒店的楼下举办自己的发布会。如此一来，既能够借力，又能够踢好“临门一脚”。

正是靠着这股不畏失败的勇气，姑娘最终走上了顶尖皮包设计师的梦想之巅。

这个故事，是韩剧《她的神话》中女主角的故事。虽然难免有一些艺术加工的成分，但姑娘这份不畏失败的勇气却是值得每一个创业者学习的。她在创业路上所经历的那些挫折、困境几乎是每一个创业者都有可能或者都曾经经历过的，但是，又有几个人能像姑娘这般坚强、机智，为了坚持梦想而做出所有自己能做的事情？只要你拥有一份不畏失败的勇气，即使遭遇一万次困境，你依然能够找到一万零一次的突破方法，这就是人的潜力。

所以，在创业的尝试中，你可能会遭受一次又一次失败的打击，可能会在尝试中发现梦想并不如想象中那般美好，但是，千万别因此失去追求梦想的勇气。每一个最终实现梦想的人，都曾经历过一段难挨的时光。亨利·福特在开始自己的汽车事业之前，曾经破产过两次；美国大百货公司梅西百货在创业途中曾经遭遇过七次险境，最终才取得成功。

当然，如果你仅凭着“我不怕失败”这句话，就横冲直撞、盲目前行，同样不可能取得成功，你必须在这份勇气里添加智慧。卡耐基说，人要懂得从失败中培养成功，因为障碍与失败就是通往成功的两块最稳固的踏脚石。所以，只有学会在失败中学习和提高，才能变失败为成功。

美国作家安布罗斯·雷德蒙说，勇气并非没有恐惧，而是判断出有比躲避恐惧更重要的事情值得做。而美国著名影星约翰·韦恩也表示，勇气就是怕得要死，但仍驭马前征。很多时候，我们缺少的正是智慧和一往无前的果敢。这份勇气更强调的是在失败面前立即采取行动，而不是哭泣和抱怨。无论你的内心是否恐惧，除了立即行动，你再没有更好的办法。

·创业修炼·

美国总统罗斯福的夫人——埃莉诺·罗斯福曾说，真正成功的人都曾经历过恐惧，但他们不会让恐惧打败自己。躲避、投降，只会让你陷入更大的恐惧和担忧之中。相反地，立即采取积极的行动，会像一种心理安慰一样，使你感到安全。即使心中依然害怕，你还是能够从行动中获得战胜恐惧的智慧和勇气。

每次令你面带惧色的经历，都会让人收获力量、勇气和自信。你将能告诉自己——我已历经这番恐惧，可以直面随后而来的下次挑战。你必须去做你认为自己做不到的事情。

三、路漫漫其修远兮，吾将上下而求索

“路漫漫其修远兮，吾将上下而求索”出自屈原的《离骚》。原意是说：前路迷茫而又狭窄，我要仔细分辨清楚。现在一般引申为：在追求梦

想的路上，即使前路迷茫，也要不失时机地寻找更好的办法前行。

1. 寻找机会，把握机会

无论是匠人还是创业者，都将因专注、聚焦而有所成就。但是，这并不意味着他们不需要寻找更好的机会并且及时把握。虽然表面看起来，专注于一件事的同时还四处留意、随时准备发现新的机会是很矛盾的。然而，如果有更好的实现梦想的机会，为什么不去把握呢？毕竟，你专注的是梦想这件事，而不是实现梦想的路径。

机会对于创业者来说，显得更为重要。甚至可以说，机会是创业者成功的前提。对于没有看到机会的人来说，盲目创业的成功率几乎为零。而对于那些已经走在创业路上的人来说，拥有一双善于发现机会的眼睛同样非常重要。

纽约大学柯兹纳教授认为，机会就是未明确的市场需求或未充分使用的资源或能力。由此可见，机会具有很强的时间性，就像人们常说的“转瞬即逝”，即一旦被别人先发现并把握住，这个机会也就不存在了。然而，“未明确的市场需求或未充分使用的资源或能力”总是一直存在的。当一种需求被发掘并得到满足，另一种需求又会出现；而在资源和能力方面，每个人同样都存在着无穷的潜力。所以，不要为已经消逝的机会而叹息、抱怨，应该努力去发现新的机会。

当然，发掘机会并不像上街购物那样随意，只要看到中意的，买下来就可以。对于创业者来说，有些机会即使能够看到，也并不一定能够把握得住。所以，要想在发掘机会的同时以迅雷不及掩耳之势把握住机会、争取成功，就必须遵循一些原则。

原则一：专注擅长的领域。

创业最好的状态是在自己擅长的领域里进行。一方面是因为擅长的领域往往都是因为“喜欢”才做得更好；另一方面是因为人在自己擅长的事情上更容易取得成功。

李开复曾经说，他发现他的“生产力”和他的“兴趣”有着直接的关系，而且这种关系还不是单纯的线性关系。如果面对他没有兴趣的事情，他可能会花掉40%的时间，但只能产生20%的效果；如果遇到他感兴趣的事情，他可能会花100%的时间而得到200%的效果。所以，即使那些已经走在成功路上的人，往往也需要用对擅长领域的兴趣来保持一种对事业的激情状态。

“擅长的领域”是创业的沃土，成功的机会就埋在这里。如果你能够在这片土地上专注而勤奋地耕耘，必有所获。

原则二：打破常识。

常识组成了我们的基本价值观、人生观和是非观。正是因为有了常识，我们才能分辨是非对错。但常识往往也是限定我们发现潜藏机会的障碍物。在这个世界上，没有什么是绝对不可能的。当你把常识奉为真理，对于那些所谓“不可能”的事情提前设置了“放弃”，那么，你将很难发现真正潜藏着的机会。

本田汽车的创始人本田宗一郎在其著作《匠人如神》中说，在刚开始推出摩托车的时候，很多人猜测，这下自行车恐怕要卖不掉了。等到汽车开始普及的时候，人们又担心摩托车会被逐出市场了。可是事实上怎么样呢？大家都没猜对。无论摩托车还是自行车，虽然产品外形有所变化，但依然都卖得很好。所以说，有时候我们会因为成见而形成误解，最后不知不觉就偏离了成功之路。

所以，对于创业者来说，敢于打破常识、消除成见，正是发掘机会的重要前提。

原则三：随时保持危机感。

发掘机会，对于那些尚未开始创业尤其是正准备创业的人来说，几乎是头等大事。他们把机会看成救命的稻草、成功的跳板，或者一张能够开启大奖的彩票。然而，一旦他们在创业中有所成就，就会变得沾沾自喜。

人一旦陷入这样的思想，就会不思进取。然而，“世事无常”这四个字对于创业之路来说非常恰当。或许今天和你合作得好好的厂家，明天突然要跟你解约；或许今天市场上卖得火爆的产品，突然因为消费者的一个投诉而被全部下架……这些危机随时会出现在创业之路上。尤其是现在非常流行的科技创业，因为技术领域里的日新月异才是最致命的。所以，无论在任何时候，创业者都应该始终保持强烈的危机感。

2. 成功的真谛是顺势而为

“势”对于创业有多重要？雷军那一句“站在风口，猪也能飞起来”，不知道激励了多少创业者积极地投入到找风口的事业中。然而，这里的“势”并不能简单地理解为“机会”，而是一种对事物内在发展规律的把握。

对于绝大多数匠人来说，在现有经验的基础上，不断发掘工艺的内在发展规律，做出能够引领潮流的产品，同样是非常重要的。而对于创业者来说，能够体悟到这种顺势而为的内涵，并在内外环境中发现“势”，进而顺势而为，正是成功的重要条件。

当今社会是一个任何时刻都会存在各种机会的时代，任何一个微小的变化都可能导致机会变危机。所以，看不懂“势”，不能顺势而为的创业者注定要面临失败。我们经常看到，拥有同样技术团队、同样资金的创业公司，因为换了不同时间、地点而有了完全不同的命运。比如，1998—2000 年，美国硅谷第一次互联网创业潮中诞生了许多世界级的富翁，他们的创业神话至今依然回荡在我们的耳边。然而，仅仅两年之后，即 2001—2002 年，同样是在美国硅谷，发生了第一次互联网泡沫，在这段时间内创业的团队即使拥有很好的技术和创意，也难以逃脱倒闭的命运。

PayPal① 创始人和 Facebook② 早期投资人彼得·蒂尔（Peter Thiel）曾经在斯坦福大学的一节创业课上对于“顺势而为”进行了这样的解读：办公司就像冲浪一样，你的目标就是要赶到一个大浪头上。假如你觉得有一个浪可能要来了，就要赶紧开始划。而有的时候其实根本就没有浪，这就

---

① PayPal 是总部在美国加利福尼亚州圣荷塞市的在线支付服务商，创立于 1998 年。

② Facebook（脸书）是美国的一个社交网络服务网站，创立于 2004 年，总部位于加利福尼亚州门洛帕克。

很糟糕。不过，即使是这样，你也没法事先确定有浪了才开始划，那样你就会彻底错过机会。你必须很早就努力地开始划，然后希望能被大浪推着走。问题是，我们怎么才能知道下一波大浪是什么时候来呢？这是一个很困难的问题，当你处在机会的边缘时，就算是努力划但丝毫没有浪也比错过一个大浪要强些。

对于这段解读，有些人认为是提醒创业者关注那些全新的、还没有成型的领域。事实上，我们从彼得·蒂尔这段话中，读到的更多是“努力积累”。无论你多么期待赶上一个大浪，从而顺势而为，前提都是你做足了准备，唯有这样，大浪来的时候，你才能恰好在浪头上，才能用上力、努力向前划行。

这一点和匠人精神不谋而合。一个不懂得努力，没有实际工作经验积累的匠人，即使得到一个绝佳的机会，往往也会因为技术不过关等原因而与机会擦肩而过。同样地，对于那些没有打好坚实基础而盲目等浪头、风口的创业者来说，如果在被浪推起来的时候不会划船、被风吹起来的时候不会飞翔，最后将难逃被浪打翻、被风吹垮的命运。当然，极个别的幸运儿除外。

所以，如果你已经看到了某种趋势，不必花费太多心思去考虑类似“风口何时能来”“我如何站在风口”等无解的问题。而是应该尽一切努力把更多的时间、精力用在朝那个“势”前进的道路上。

2000 多年前的屈原凭着一身才华，怀揣着远大梦想行走在天地间，却遭遇了一次又一次的巨大打击。但他依然发出了“路漫漫其修远兮，吾将上下而求索”的呐喊。这个呐喊中不仅饱含着坚韧不屈的精神，更隐藏着“上下求索”的智慧。而对于当今绝大多数的创业者所缺少的，恰恰就是这种精神和智慧。

·创业修炼·

立刻抛弃类似“别人机遇好，我运气不好、没有机遇”“我要是早几年做就好了，现在做什么都难了”“没有机会了，我只能放弃”这样的抱怨吧。在这个时时刻刻都在变化的世界里，机遇无处不在，关键在于你是否能够识别，是否有“吾将上下而求索”的信念。

虽然努力并不是创业成功的第一要素，但无论是发现机会还是把握机会，努力都是必不可少的条件。当然，盲目的努力并不能起到太大的作用，反而会使你陷入疲惫不堪的境地。也正因如此，“顺势”努力就变得格外重要。

王健林认为，勤奋对于创业成功最重要，这点他深有体会：由于他是个转业兵，在创业初期，对房地产行业一点儿也不了解，很多同行笑话他，认为他早晚会“从哪儿来回哪儿去”。所以他下决心先学习。在起初的4~5年时间里，他放弃了所有的休息时间，白天正常上班，晚上所有的时间都拿来学习。他相信勤能补拙，奋斗可以帮助他发现机遇和把握机遇。

四、相信“相信”的力量

2007年，马云在杭州第四届中国网商大会上说，曾有一个人问他对现在的年轻人有什么建议。他的建议是：人必须要有自己坚信不疑的事情，没有坚信不疑的事情，不会走下去的，如果开始坚信了一点点，那么做起事来就会越做越有意思。他坚信互联网会影响中国、改变中国，他坚信中国可以发展电子商务，他也相信电子商务要发展必须先让网商富起来。他认为，如果网商不富起来，那阿里巴巴就是一个虚幻的东西。

虽然马云的这个建议已经过去了十余年，但对于今天的创业者来说依然有着极大的影响。不只有一个、十个、一百个创业者在好的“点子”面前止步于“市场完全空白”“配套设施不够完善”“消费者还不认可”“资金还不充足”“我身边的人都不认可”等各种借口。而唯一能够扫除这些借口，让创业者勇敢地开始行动的关键词就是“相信”。

正如马云所说，如果一切都准备充足、一切条件都已经成熟、所有人都表示认可，那么，这个机会还轮得到你吗？创业就是看到别人尚未看到的机遇，并牢牢抓住。而你要做的就是“相信”，并且坚定地相信“相信”

能够为你带来战胜一切困难的力量。

1. 相信自己正在做的事

创业就是一场梦想与现实的对抗赛，也是一次坚信自我与面对他人质疑的拔河比赛。和那些踏上工作岗位踏实工作的小伙伴相比，创业者面临的是更多的质疑和压力。首先，无论你选择做什么，你都会感觉时机还不够成熟，同时你身边的人也会不断地劝你“不要冒险”（尤其是那些真正爱你、关心你的人）。当你好不容易坚定迈出了第一步，你以为前面会阳光灿烂，却没想到前景惨淡。你和挫折、困难一次又一次地正面交锋，当然，绝大多数都是你赢，但你真的不敢想象自己要一直过这样的日子。于是，你第一次对自己的梦想产生了质疑。然后，有了第二次，第三次，第四次……后来，你觉得自己真的不行，放弃了。

这样的经历想必很多创业者都很熟悉，那种纠结、压抑、痛苦的感觉甚至会让人一生难忘。即使到最后，依然有很多人将自己创业失败的原因归结于那些他一度纠结的问题：还没有准备好，时机不够成熟，团队合作度不够……但他却从未想过，失败，仅仅是因为他自己放弃了。

如果我们读一读那些创业大咖的故事，就会发现，他们也曾经走过和我们一样的路，而使他们最终成功的，恰恰就是在我们对自己产生怀疑的时候，他们始终坚信自己的选择，并始终坚持走了下去。

比尔·盖茨说，成功的人首先要非常坚信自己做的事情。他还举例说，自己最开始做计算机图文界面的时候，很多专家都不看好，觉得他开发的界面太傻而且反应很慢。对此，比尔·盖茨只是告诉这些专家，这是微软 1.0，后面还会有陆续的更新和优化。正是这份相信自己所做之事的信念，才有今天的微软，才有今天的比尔·盖茨。所以，比尔·盖茨认为，即使你一开始是错的，但只要你非常坚信自己做的事情，坚持做下去，不断地学习，不断地改进，总有一天会做对。

所以，无论如何，当你已经在创业路上，就一定要坚信自己做的事情，并踏实去做，努力做到最好。没有匠人会在尚未完成工作的时候，就因为别人质疑他做的产品太差、太丑而放弃。他们只会在质疑中不断地提升自己，争取做出更好的产品。

2. 相信自己能够做好这件事

曾经，零点乐队用一曲《相信自己》激励了无数个在深夜里迷茫的人：相信自己，你将赢得胜利，创造奇迹；相信自己，梦想在你手中，这是你的天地；相信自己，当这一切过去，你们将是第一；相信自己，你将超越极限，超越自己。

这听起来让人热血沸腾的歌声，可以让每一个创业者在挫折中重新找到方向，带着自信继续前行。而“相信自己能够做好这件事”的信心，恰恰是创业者战胜对失败的恐惧、对未来的迷茫最需要也最有效的药水。

20 世纪 70 年代，美国著名心理学家阿尔伯特·班杜拉提出了“成功者不一定认为自己最棒，而是相信自己能做到”的理论。阿尔伯特·班杜拉认为，绝大多数成功者在做成一件事之前，并不一定有多么出色的才华和有利的资源，甚至他们可能是“赤手空拳”，只是他们深深相信，“相信自己一定能够做好这件事”。他们相信的不是“我很棒”“我很优秀”“机遇很好”，而是“自己一定能够”。他们相信，自己的条件如何，别人怎么评价，这些都无所谓，重要的是，只要自己竭尽全力去做、充分发挥自己的潜力，就一定能够把这件事做好。

每一个“坚信自己一定能够做好这件事”的人，身上都潜藏着极强的成功特质。因为，在他们的信念中，那些“我很笨”“我很丑”“我很穷”“我缺少资金”“我缺少机遇”“我缺少人脉”“别人都不相信我”等外在条件，都不足以成为他们“一定能够做好这件事”的阻碍。相反地，因为清楚了解自己的处境，他们对可能会遇到的困难和挫折已经做到“胸中有数”，这反而使他们在碰壁时有更加坚强的毅力和勇气继续前行。

在《洛克菲勒给儿子的 38 封信》中，他在第 28 封信——“真诚地相信自己就有办法”中提到：找出把事情做得更好的方法，是将任何事情做成的保证。这不需要有超人的智慧，重要的是要相信能把事情做成，要有这种信念。当我们相信某一件事不可能做到的时候，我们的大脑就会为我们找出各种做不到的理由。但是，当我们相信——真正地相信某一件事确实可以做到时，我们的大脑就会帮我们找出各种方法。

正如洛克菲勒所说，做好一件事的保证不是有超人的智慧、有贵人相助、有足够的条件，而是要有“相信”的信念。在这种信念之下，我们会为了“能够做好”而想尽一切办法，并且百折不挠。相反地，一旦“不相信”“不可能”这样的负面词语出现在我们的脑海中，我们会立刻感觉“这件事真的很难”“没有人能够做好”“我已经尽力了”，我们的创造性也就此被“关闭”。当然，同时被“关闭”的还有我们的梦想。

心态决定能力，这并不是虚幻的“成功学”理论，而是真理。你认为你能够做到什么程度，你就真的能做到什么程度。就像那些认为自己只会做板凳的木匠，永远也做不出一把漂亮的椅子。因为他想不到，即使想到，也会被脑海中的限制条件而绊倒。

余秋雨曾经这样告诫年轻人说，他的人生经验告诉他，千万不要去做预先的设计，不要执着于过去，也不要执着于“我”。我们这一个个小“我”是非常有限的，而人世间可做的事情太多太多了。

对于那些“相信自己一定能够做好这件事”的创业者来说，他们恰恰就是抛开了小“我”的限制，将目光聚焦于具有无限可能的创造力上。所以，无论他们面对怎样的困难、挫折和挑战都不会屈服和胆怯，而是始终坚持。他们相信，只要不断努力地付出，就一定能够做好。

·创业修炼·

俞敏洪曾说，无论你决定要做一件什么事，总会有人站出来“告诫”你不要做。如果你没听劝，坚持去做了，他们又会在沿途不断地拖你后腿，想让你停下来，和他站在一起。这是最让中国创业者感到痛苦的事。但是，如果你始终没有被那些人说服，而是沿着相信自己的路一直朝前走，并且小心地绕开他们提前告诉你的困难、挫折，你会收获更多的掌声。

相信自己，也意味着就算你创业失败，也不要随便否认自己，也许这个公司做不成，可下一个依然在等着你。所以我们做创业的人，一定要有像追求你喜欢的人一样的坚定不移的决心，直到追到手才罢休。

五、“名声”才是最重要的资产

当我们去买一瓶水，考虑的往往是买哪个牌子的水，而不会考虑这个品牌水的老板是谁，他们的名声如何。然而，当我们想找一家身边的小装修公司装修房子的时候，我们考虑更多的往往是这家公司老板的名声如何，然后才决定是否要和他合作。

事实就是这样，对于已经具有一定规模和企业品牌影响力的大企业来说，我们只需要关注他们的企业品牌、产品等因素即可。而对于那些初创的小微企业，在他们尚未做出一些成就的时候，能够使他们赢得客户信赖、拿到订单的，只有老板的个人品牌。更多时候，对方可能连你的公司名称是什么都不知道，而只是凭借对你这个人的认可就选择和你进行合作。

很显然，对于初创企业来说，老板的“名声”才是最重要的资产。毕竟，当你拿不出更多业绩来证明公司实力的时候，你既不能拿着公司账户告诉客户你有多少资金，也不能拿证书向客户证明你的实力。唯一能够帮你的，只有你的“名声”。

1. “名声”对于初创企业的价值

拥有良好的名声对于创业者来说，是非常好的生存机会。当创业者建立的良好个人品牌在目标客户圈子里有了一定的影响力，甚至是“名声”时，那么，订单、资金都不会是问题，生存自然也不再是问题。一个个订单做下来，获得的口碑就会和创业者的个人“名声”相得益彰并传播开来，慢慢地，创业者的个人品牌就会转化为企业品牌。

创业者的个人“名声”能够为企业带来第一批客户，帮助企业很好地生存下来。当你的客户、业绩日益发展，达到一定规模之后，你将获得更优质的供应商、渠道和投资人。无论是你带着“名声”去敲他们的门，然后拿着现有的成绩表示希望可以合作；还是你坐在自己的办公室看着日益飙升的销量等待他们主动上门，都不会让你失望。

此外，个人“名声”还会吸引更多优秀的人才加入你的团队。没有人愿意跟随一个自己完全不了解、没有任何魅力、毫无影响力的领导，尤其是那些有才华而又有点自负的人才。但是，当你在公众中建立了一定的品牌形象，有了一定的影响力时，他们会因为你的故事、信念、价值观、梦想，总之，任何你在“名声”中所传递出来的信息，而放弃原本更为稳定的人生道路，转而追随你的步伐。

所以，从某些方面来看，“名声”能够为你带来资金、利润和人才，而这些都是你在创业路上必不可少的资产。

2. 创业者如何打造个人“名声”

打造个人“名声”这件事，在自媒体时代似乎已不是一件很难的事。许多微商都希望通过打造个人“名声”带来业绩上的突破。当然，网上也不乏一些教创业者打造个人“名声”的技巧。我们重点想要提醒创业者的是，打造“名声”一定不能盲目，需要把握一些原则。

原则一：一定要是好“名声”。

对于创业者来说，打造个人“名声”的直接目的就是让目标客户了解你的为人、品行，从而愿意和你做生意，然后认可你的产品和企业。反之，如果你打造的只是一些和产品、企业不相关的名声，甚至是一些为人、品行上不好的名声，那么，只会产生反作用。

原则二：知名度≠好名声。

好名声就是创业者的个人品牌。而要想借助这些名声更快地实现创业成功，首先必须明确目标受众——潜在客户、竞争对手、急需人才等。没有设定目标受众就盲目扩大知名度的创业者，无疑是在浪费时间。比如，一个做网站的创业者，业务做得不太顺，就想打造一下个人名声带动公司业务的发展。然后，他就到处参加各种类型的培训会、读书会、行业协会、商务演出等。结果，在他们那个三线城市，几乎很多人都知道他叫什么、做什么，却根本没人找他做网站，因为大家在背后都觉得他有些“不务正业”。

的确是这样，作为创业者，实际上你没有更多的时间和精力花费在无效社交上。所以，如果你没有当明星的打算，最好还是先确定一下目标受众，有针对性地提高自己的知名度，而不是盲目追求家喻户晓。

原则三：真实，但有所选择。

这个原则看起来似乎有些复杂，实际上很好理解。在信任度越来越低的移动社交时代，人们更希望自己看到的一切都是真实的。所以，如果你并没有十分精彩的创业故事，最好还是选择另一个角度来定位自己的形象。

你要留给目标受众什么样的印象，首先取决于你的真实形象是什么样的。假如你是一个不折不扣的“女汉子”，最好不要装出“软萌”的样子；如果你真的没有那么聪明，那就不妨展现一下自己的“淳朴”。总之，诚恳、真实的形象，对于个人的好“名声”更有好处。

当然，这并不意味着你不需要包装。当你对自己有了全面的了解之后，就要根据目标受众、宣传渠道以及企业品牌、产品的定位对你的形象关键词进行筛选。比如，陈欧在“为自己代言”时，就针对聚美优品的目标客户都是80后、90后的特点，对个人形象进行了定位。也正是这一定位的成功，才使“陈欧体”一炮而红、深入人心。

所以，在个人形象定位上，一定要在真实的基础上，再有所选择和包装。

原则四：容忍并拥抱批评。

如果你还没有做好应对“名声”为你带来的负面影响的准备，那你最好还是放弃依靠“名声”来打天下的计划。无论如何，当你决定把自己推出去，你就应该知道，认可和挑战将会同时扑面而来，有的可能是针对你的某个观点，有的可能是批评你的个人行为。总之，“枪打出头鸟”不可避免。

对于这些指责、批评，最好的态度并不是反驳，而是容忍并拥抱它们。无论这些指责和批评是针对个人还是针对品牌，诚恳、友善的态度永远是化解矛盾的密钥。如果你能够在这个过程中磨炼出淡定应对一切困境的品性，那就真的要恭喜你了。

总之，相对于打造一个冷冰冰的、毫无生命力可言的企业品牌或产品品牌来说，为一个活生生、有血有肉的人提高一下“名声”，这个要简单得多了。事实上，这并不是多么新奇的创业手法，即使是一些成熟的企业同样也会借助 CEO 的名声来做一些营销。如苹果的前行政总裁史蒂夫·乔布斯、通用电气前行政总裁杰克·韦尔奇、万科企业股份有限公司董事会主席王石等，这些都是依靠 CEO 个人名声推动企业品牌发展的成功案例。如果创业者还在纠结要不要靠“名声”来赚钱，不妨先学学他们。

·创业修炼·

美国管理学者彼得斯认为，21 世纪的工作生存法则就是建立个人品牌。他认为，不只是企业、产品需要建立品牌，个人也需要建立个人品牌。这一点已经被许多人应用于工作中。而对于创业者来说，打造个人品牌显然更为重要，价值也更大。当一个创业者在企业之外建立了广泛的个人影响力，那么，这种影响力本身就已经是其最重要的创业资本。

在移动社交时代，每个人的一言一行都将会在网上被放大，尤其是对于那些小有名气的网络红人。正所谓“成也萧何，败也萧何”。如果创业者要将“名声”打造为自己最重要的资产，就一定要严守“真诚”这条底线，无论对错，人们都更容易接受真实，而不愿被谎言所欺骗。当然，你也没必要为了“真诚”而不顾形象地展示一切，你完全可以通过提升自己的方式，让大家看到更好的你。

马云曾说，在阿里 10 周年的时候，他意识到商道的根本在于诚信的积累，他一切的目的都是为了获得信任，获得社会、客户、员工、股东对他的信任。当然，获得这些信任是一件非常不容易的事，所以，马云告诫每一个创业者：从创业第一天起就珍惜你的每一个客户、珍惜每一个加入你团队的员工、珍惜所有的股东，因为只有他们对你信任，你才会越走越远。

六、懂感恩，才能持续发展

在这个世界上，没有人能独自成功。比如，一个伟大的匠人，他从来不和任何人打交道，自己去找原料，自己加工，也不销售，即使如此，他也是借助了大自然的力量才完成了作品。所以，创业者的每一次失败和成功的背后，都隐含着许多的爱与感恩。

创业路上，处处皆有风雨，不可能一帆风顺。当你经历过那些失败、挫折、痛苦和无奈之后，你还能以一颗感恩之心去消解心中的不满和抱怨，本身就是一种成长和收获。而那些能够知恩、感恩、报恩的人，往往能够赢得更多的信赖和支持，事业自然也会越做越好。

1. 感恩创业路上的挫折和失败

每一个站在创业起点的人，心中所渴望的都是成功。但在追求梦想的路上，失败总是难以避免。马云曾经在“优米网”的创业课堂上说，100个人创业，有95个人连怎么死的都不知道，你连他们的声音都没听见，你根本不知道这95个人存在过；还有4个人，你是看着他们死的；还剩下这1个人，这个人很勤奋，但未必是最勤奋的，这个人很努力很聪明，但未必是最聪明的，有很多的机缘和因素使得他成功。可见，创业失败的概率实在太大了。

但是，最终走上成功之巅的那些人，一定是在失败中成长起来的。他们没有因为失败而气馁、沉沦，反而变得更加强大。如果没有曾经的失败，就没有未来的成功。

郑某在他们当地三线城市因为“创业”而出名，他甚至有一年连续创业三次都失败的悲惨经历。但是，郑某并不认为那些失败经历是悲惨的。相反地，他非常感恩自己曾经那么深刻地体会过失败的滋味。

郑某高中毕业后就开始创业，始终专注于餐饮行业。第一次创业是在街边卖饺子，因为技术不过关、味道不好而生意惨淡，最终关门大吉。经过这次失败，郑某意识到，要想做好餐饮，口味是最重要的，而自己却不是一个天生的“大厨”，那就要去学。于是，郑某用了半年时间拜师学艺，终于掌握了当地一种小吃的做法。

第二次创业，郑某和他的三个同学一起投资开了一家小吃店。凭借着郑某出色的手艺，小吃店的生意渐渐红火了起来，可这时郑某的另外两个合伙人却因为一点小事起了冲突，创业团队就此解散。郑某一个人既承担不了昂贵的经营成本，又忙不过来，最终只得将小吃店盘了出去。这次创业失败的经历，使郑某意识到选择合伙人的重要性。

就这样，郑某在一次次的失败经历中不断地成长，然后站起来，继续创业，每一次都比前一次做得更好。如今，郑某已经是当地一家“青年社区餐厅”的老板。这个以青年创业者为目标顾客群的餐厅，在当地有着极高的人气，营收额节节攀升。对此，郑某认为，正是那些失败的创业经历，才成就了今天的他。

创业失败并不可怕，关键在于你以什么样的态度去面对失败。当你真正懂得了失败的意义，你便会像郑某那样，始终以一种积极进取的态度去面对失败。跌倒了，再爬起来，并且反思一下“为什么会跌倒”，然后带着答案继续前行。这才是成功者该有的姿态。

所以，如果你现在还没有创业成功，却早已饱尝失败的滋味，也不要过于沮丧。你应该感谢那些失败和挫折，是它们磨炼了你的心智、增强了你的勇气、培养了你的能力。而你想收获这些，就需要抱有一颗感恩之心。

2. 感恩他人的质疑和批评

缺乏自信的人，即使他心中有绝佳的创意，也不可能踏上成功之路。所以，几乎所有的创业者都会认为自己是世界上最能干的人，自己的梦想是世界上最伟大的事业。他们容不得别人对此提出质疑和批评。

但是，如果一个创业者一路走来，收获的都是鲜花和掌声，听到的都是肯定和赞扬，他能走多远呢？即使他意志力超强，没有沉醉在这些鲜花、掌声、肯定和赞扬中，而是保持理智，希望做得更好，但其个人思维、经验的局限性，依然会使他失去对一些错误、风险的判断。这对创业者来说，是非常不利的。

事实上，那些对你提出质疑和批评的人，恰恰是你的贵人。因为他们关心你、愿意为你操心、希望你做得更好，才会批评你。否则，一个和你没有任何关系、对你的事业毫不关心的人，没必要冒着惹恼你的风险来质疑你、批评你。所以，你应该感恩那些对你提出质疑和批评的人。

创业者必须清楚地意识到，如果没有人对你所做的事提出质疑、批评，你也就没有成长、提升的机会。所以，当你面对质疑和批评的时候，应该像“今日头条”的创始人那样，用一颗平常、感恩的心去接纳、反思，并努力改善。

3. 感恩竞争对手的强大

对于真正棋艺高超的人来说，能够“棋逢对手”可谓是人生一大乐事。然而，这件事如果放在市场竞争中，就变得不那么快乐了。有多少创业者是在竞争对手的打压之下默默无闻地死掉的？又有多少创业者依然在和竞争对手的周旋中艰难度日？

“为什么总是与我作对？”这恐怕是创业者最想和竞争对手说的一句话。你废寝忘食、好不容易开发出一款新产品，正准备发布，竞争对手却抢在你的前面发布了同类产品，这是多么令人抓狂的事！你跑断了腿、说破了嘴才谈下的客户，在就要签单的时候，客户却告诉你他将和你的竞争对手签约，你恐怕想“挥拳”的冲动都有了吧？

和亲人、朋友、用户、消费者的那些善意的质疑和批评相比，竞争对手的打击是直接而猛烈的。更多时候，他们希望能够对你一击毙命，不给你留下一丝喘息的机会。在这样的打击面前，你几乎连抱怨的时间都没有，你只能马上、立刻找到反击的办法，否则，就只能等死。

很多时候，创业者对企业的定位、产品的定位都需要参考竞争对手来做。竞争对手要么为你提供了成功的经验，要么为你提供了失败的教训。总之，竞争对手的存在，使你更加清楚地知道，自己要做什么、应该做什么。

同时，竞争对手的存在也使创业者能够长久地保持激情，不敢有丝毫的懈怠。你必须每时每刻都打起十二分的精神，才不至于忽然之间被竞争对手击倒。而且，竞争对手越强大，你的激情就会越饱满。因为你知道，你必须更加勤奋努力地工作、学习，壮大自己，才有赢得这场战争的机会。如果你不想被打败，就必须不断地进步和成长。

竞争对手是最真实的镜子。更多的时候，对手是最先发现你的弱点和不足的那个人。当然，对手不会好心地提醒、批评你，而是会直接出手，对你的弱点进行攻击，而这将使你很快意识到自己的不足，并努力改善。

竞争对手是你的压力，更是你的动力。而且，往往是竞争对手给你的压力越大，你的动力也会越强。所以，如果你遇到了一个强大的竞争对手，一定要记得感恩！然后，带着这份感恩之心，去向他取经、和他对战，追逐成功。

·创业修炼·

“58 到家”创始人陈小华说，虽然我们强调失败对于创业者好处多多，甚至可以说是一件“值得庆祝”的事情，但有一点是毫无疑问的，那就是对于胸怀远大梦想、自信满满的创业者来说，失败的感觉真的太难受了。这个时候，唯有对失败抱着感恩之心，才能让自己千疮百孔的心再次跳动起来。然后，认真地去寻找失败中每一个值得感恩的点，以安慰自己受伤的心灵。

感谢对手，感谢所有媒体的质疑。他认为所有对手的挑战，对于优秀的创业者都是最好的动力。只有拥有伟大的对手，才能诞生伟大的公司，所有的对手他都发自内心地尊重，因为这些对手的存在使得他的团队永远不平淡。

参考文献

［1］本田宗一郎．匠人如神［M］．北京：民主与建设出版社，2016.

［2］根岸康雄．工匠精神［M］．北京：东方出版社，2015.

［3］杰克·韦尔奇，苏茜·韦尔奇．赢［M］．余江，译.3 版．北京：中信出版社，2013.

［4］阿里巴巴集团．马云内部讲话Ⅰ［M］．北京：红旗出版社，2010.

［5］阿里巴巴集团．马云内部讲话Ⅱ［M］．北京：红旗出版社，2013.

［6］金错刀．马云管理日志［M］．浙江：浙江大学出版社，2013.

后 记

想要写一本给创业者看的书，已经很久了。但总找不到合适的灵感。毕竟，市面上、网络上对于创业者的指导言论已经足够多了。

当“工匠精神”像一股春风吹遍大江南北的时候，我注意到更多的人将关注点放在了现有企业的“精益制造”上，也有不少关于员工如何像个匠人那样去工作的图书面市。但没有一本书，将创业者和“匠人”联系在一起。在我看来，“匠人精神”恰恰就是创业精神最直观、最深刻的体现。如果一个创业者能够深深理解“匠人精神”的内涵，并在其创业过程中加以践行，必然能够有所成就。

这就是我写这本书的初衷。

在写这本书的过程中，我经历了十分艰难的过程，因为我希望像个匠人一样，写得好一点，再好一点。当然，再怎么用心，问题和瑕疵是不可避免的，这对于匠人来说，恰恰是自我提升的机会。所以，如果你在阅读本书的过程中，有更好的想法和建议，不妨和我联系。

最后，我想感谢在本书创作过程中，每一个帮助我、支持我的人，愿你们在未来的日子里，能够享受到“匠人创业者”打造的产品和服务，拥有更加美妙的人生体验。

作者

2019 年 3 月